LUCIANO DE CRESCENZO

PANTA REI

i Libri di Paolo Caruso

ARNOLDO MONDADORI EDITORE

I edizione I libri di Luciano De Crescenzo novembre 1994
I edizione Bestsellers Oscar Mondadori settembre 1997

ISBN 88-04-43200-4

Questo volume è stato stampato
presso Mondadori Printing S.p.A.
Stabilimento NSM - Cles (TN)
Stampato in Italia - Printed in Italy

Ristampe:

2 3 4 5 6 7 8 9 10 11 12

1999 2000 2001 2002 2003

Il nostro indirizzo Internet è:
http://www.mondadori.com./libri

Indice

Panta rei

Non a caso Caos è anagramma
di Cosa e di Caso.

I

Blob

Guardo una foto di quando avevo sedici anni e ne guardo una d'oggi. Dio, come sono cambiato! Poi mi chiedo: ma quando è successo? Di notte? Mentre dormivo? E come mai il mattino dopo non me ne sono accorto? La verità è che cambiamo al rallentatore, attimo dopo attimo, cellula dopo cellula, come le lancette dell'orologio che si muovono anche se nessuno le vede muoversi. *Panta rei* diceva Eraclito, tutto scorre, e con il tutto anche la vita passa senza che si possa far nulla per trattenerla. Sono voci e immagini che vengono dal passato. Si accavallano, si mischiano, si confondono, si spintonano l'un l'altra per paura di sparire per sempre in un blob senza capo né coda. Un po' di pazienza, prego: una alla volta per carità, e riuscirete tutte a parlare.

Ninna nanna, ninna nanna. Rosa, la balia di Frosinone. C'era una volta un principe e una principessa. Buon compleanno: tanti auguri a te... tanti auguri a te. De Crescenzo? Presente. Prima guerra d'indipendenza. In che anno nacque Cavour? Non lo so. È intelligente ma non si applica. Salgari, Verne, Wodehouse, Flash Gordon, I tre moschettieri. Buona Pasqua. Buon Natale. Il primo amore. Come ti chiami? Giuliana. Ti voglio tanto bene: se mi lasci mi uccido. Io, Eddy e Mimì, una pizza in tre. Le compagne di scuola, Giovanna e Mariolina. Il professor Valenza. Sembra ieri. Cinema Olimpia, secondi posti, una lira. Clark Gable, Gary Cooper e Charlie Chaplin. Il liceo Sannazaro. I quattrocento metri. Pronti, via! Il casino. La prima volta. Cechov, Gogol, Kafka, Dostoevskij. Primo anno di università. Il professore Caccioppoli. I colleghi: Cesare, Elio e Gennarino. Papà sta male. I funerali di papà. Povero papà! Noi, professore Giuseppe Tesauro, abbiamo conferito a Luciano De Crescenzo la laurea di dottore in ingegneria. Disoccupato. Spett.le Olivetti, il sottoscritto... Ci spiace, l'organico è al completo. Marotta, Guareschi, Pavese, Calvino, Buzzati. La «Seicento». Come ti chiami? Gilda. Ti voglio tanto bene: se mi lasci mi uccido. Sofia, Marilyn, De Sica, Totò e Peppino. Sempre disoccupato. Spett.le Italsider, il sottoscritto... Ci spiace, l'organico è al completo. Borges, Simenon, Russell. Spett.le IBM ITALIA, il sottoscritto... L'esame psicoattitudinale. Il corso a Rivoltella del Garda. Quanti giorni? Tre mesi... *e diceva: core core, core mio luntano vai...* Il ritorno a Napoli. Sembra ieri. Vuoi tu sposare la qui presente Gilda Somma? Sì. E tu Gilda Somma vuoi sposare il qui presente Luciano De Crescenzo? Sì. Primo giorno di lavoro. Buongiorno, sono l'ingegner De Crescenzo della IBM ITALIA, vorrei conferire con il dottor Rossi. Il dottore è in riunione. Torno domani? Anche domani è in riunione. Un nastro rosa. Ma quanto pesa? Tre chili e centocinquanta. E come l'avete chiamata? Paola. Ninna nanna, ninna nanna. C'era una volta un principe e una principessa. Berto, Flajano, Graves. Mamma sta male. I funerali di mamma. Povera mamma! I colleghi di ufficio. Peppe, Giovanni, Anna, Renato, Pino. Buona Pasqua. Buon Natale. Il decimo compleanno di Paola. Su *Paolè, bell' 'e papà,* soffia sulle candeline: tanti auguri a te, tanti auguri a te. Sembra ieri.

Aumentano gli amici: Federico, Nando, Gerardo, Nino. Il mare. Capri. La motonautica. È vero che hai dato le dimissioni dall'IBM? È vero. E adesso che fai? Lo scrittore. Quindicimila copie, qui bisogna festeggiare! Sant'Agostino, Saint-Exupéry, Bergson, Platone. Buona Pasqua. Buon Natale. Come ti chiami? Isabella. Ti voglio tanto bene, se mi lasci mi uccido... Cinquecentomila copie, qui bisogna festeggiare! Gassman, Sordi, Walter Matthau, Woody Allen. *Così parlò Bellavista*, ciak, azione. Aumentano gli amici: Paolo, Sergio, Nori, Marisa, Lina. Buona Pasqua. Buon Natale... Ancora un Federico: Fellini! Appuntamento alle otto a piazza del Popolo per il cappuccino. Sembra ieri. I premi: il David, il Nastro d'argento, il Bancarella... *Storia della filosofia greca*, un milione di copie, qui bisogna festeggiare! Quanto ho di minima? 110. È alta? Direi proprio di sì. E che debbo fare? Prendere una pasticca tutti i giorni. Per quanto tempo? Per tutta la vita. Conosco Luana. Andiamo insieme al Festival di Venezia. In aereo. Tutti e due con lo sconto: lei con la carta verde e io con quella d'argento. Mi ami? Ti amo. Lasciami pure quando vuoi, tanto non mi uccido.

E nel frattempo, di nascosto, come un ladro, il tempo mi scippa le cellule. Qui mi ruba un neurone, lì mi sclerotizza una vena, là m'imbianca un capello. Vado a cambiare le lenti agli occhiali. Il tabellone dell'ottico s'illumina. Ormai leggo solo le prime due righe. Secondo dopo secondo il mio corpo muta, e quello che prima facevo senza starci troppo a pensare, ora comincia a diventare difficile: anche un'operazione semplice come infilarsi i calzini diventa un pochino complicata. Non che non ci riesca, sia chiaro, però faccio fatica a infilarli, e quindi è meglio che mi sieda. Insomma tutto scorre, *panta rei*.

II

Case chiuse

Napoli 1946. Liceo classico Jacopo Sannazaro. La signorina Rigosi, professoressa di storia dell'arte, ci portò tutti a Pompei in gita scolastica. Scopo della visita: studiare lo stile italico-corinzio. Scopo nostro: visitare il lupanare, luogo assolutamente vietato al pubblico pagante e in particolare ai minori di anni diciotto, napoletani, dediti alla masturbazione. Chi c'era già stato aveva riferito, in gran segreto, che su uno dei lettini del postribolo campeggiava la scritta *«Hic ego puellas multas futui»*. Ora noi, all'epoca, eravamo tutti un po' scarsi in latino, ma quando si trattava di certi argomenti non c'era latinista che poteva starci alla pari; ragione per cui traducemmo all'impronta: «Io, qui, mi sono fatto molte ragazze».

Il nostro informatore ci aveva fornito tutte le istruzioni per raggiungere la meta.

1°. Percorrere via dell'Abbondanza e fermarsi un isolato prima delle Terme Stabiane.

2°. Girare a sinistra ed entrare nella regione VII, insula XI.

3°. Trovare il vicolo del Balcone Pensile.

4°. Individuare un ingresso protetto da una transenna con la scritta VIETATO ENTRARE.

5°. Avvicinarsi all'ingresso con aria indifferente.

6°. Accovacciarsi (come se ci si dovesse allacciare una scarpa) e infilarsi il più rapidamente possibile sotto la transenna.

Raccomandazione fondamentale: non chiedere informazioni a nessuno, ma seguire i falli scolpiti lungo la pavimentazione. E, sempre a proposito di falli, ne vedemmo uno di tufo, gigantesco, fuoriuscire dal primo piano di una casa di piacere.

« Che civiltà quella romana!» esclamammo entusiasti, e la signorina Rigosi, pensando che stessimo parlando dello stile italico-corinzio, ne fu molto contenta.

Descrizione del lupanare:[1]

Al piano terra, una dietro l'altra, cinque celle meretricie. Alle pareti, una serie di affreschi con le specialità della casa. Sul fondo: una latrina. Al piano superiore le celle meretricie riservate ai clienti di riguardo (quelli che non amavano farsi vedere). Da non perdere i saluti a Victoria, Fortunata e Januaria, tre lavoratrici del settore. Sempre sotto forma di graffiti, i ringraziamenti di alcuni clienti. Tra questi, un certo Crescentius (temo un mio antenato). Altre scritte da non perdere: «*Otiosis locus hic non est: discede morator!*». Come a dire: «Qui non si viene a oziare: che i perditempo se ne vadano altrove!». La stessa esortazione, in pratica, che ci veniva fatta dalle *maîtresse*, quando si andava al casino. Bei tempi!

La Rigosi si accorse subito della nostra deviazione, anche perché fu opportunamente informata da uno del-

[1] Per sapere tutto sulla Pompei a luci rosse, consulta *Erotica pompeiana* di Antonio Varone, edizione L'Erma di Bretschneider.

la classe che non era riuscito a entrare, ragione per cui ci fece riacchiappare dai guardiani. Urla, promesse di bocciatura e perfino minacce di eventuali multe che, a suo dire, i nostri genitori avrebbero dovuto pagare l'indomani. (Mio padre, come minimo, mi avrebbe ucciso.) Alla fine, con la morte nel cuore, abbandonammo la Pompei a luci rosse e rientrammo nel gruppo dei cultori dello stile italico-corinzio.

L'antica Pompei è diversa da qualsiasi altra zona archeologica del pianeta: è una gigantesca istantanea scattata dal Vesuvio mille e novecento anni fa a nostro uso e consumo. Quella mattina del 79 d.C. i Pompeiani videro prima un'immensa nuvola di fumo levarsi dal vulcano (a detta di Plinio il Giovane, simile a un albero di pino), poi una pioggia di cenere e lapilli che cominciò, diligentemente, a seppellire la città, strato dopo strato. A quel punto tutto si paralizzò, tutto venne «colto in flagrante». Per rendersene conto, basti pensare che la marea dei lapilli raggiunse in men che non si dica i due metri e mezzo di altezza. Una sepoltura, dunque, sistematica e soffice, fatta di pietre pomici grandi come granelli di sabbia. È come se il Padreterno avesse detto alle Forze della Natura:

«Care Forze della Natura, per favore, incartatemi Pompei, così io, tra mille e novecento anni, la faccio vedere ai posteri e agli studenti della seconda E del Liceo Jacopo Sannazaro. Mi raccomando, però, non rompete niente!»

La signorina Rigosi aveva con sé una Leika con la quale fotografava tutto il fotografabile. Sua idea fissa, ovviamente, lo stile italico-corinzio. Si rifiutò, invece, di fare anche la più piccola foto di gruppo a noi della classe.

«Una sola, signorina... una sola...» la implorammo a mani giunte, ma lei non volle sentir ragioni.

«Non ho pellicola da sprecare,» rispose brusca «i rullini sono stati acquistati dal preside in persona, ed è a lui che li debbo restituire.»

Alla fine della visita avremmo voluto andare tutti al mare, in uno degli stabilimenti della vicina Portici: eravamo a metà maggio e la voglia di fare il primo bagno era incontenibile.

«Non subito,» promise la Rigosi «prima dobbiamo visitare il laboratorio di restauro degli Scavi di Pompei.»

«Nooooo!» urlammo in coro, ma la Rigosi fu irremovibile. Aveva promesso la visita al Direttore Capo degli scavi, suo amico carissimo, e lui ci stava aspettando già da un'ora.

«Ragazzi,» continuò a dire «prima il dovere e poi il piacere. E, tanto perché lo sappiate, anch'io desidero farmi un bel bagno. Sono stata campionessa di nuoto dei cento metri e nel '38 sono arrivata terza ai Littoriali.»

Che fosse stata fascista lo avevamo sempre saputo, ma che fosse stata anche capace di piazzarsi in una finale di nuoto non avremmo mai potuto immaginarlo. Gracilina come era non sembrava affatto una campionessa.

Ebbene, non ci crederete, ma quella visita al laboratorio, per me, fu determinante: mi trasmise il virus dell'archeologo, il cosiddetto morbo di Schliemann. In una stanzina semibuia, al debole chiarore di una lampadina appesa a un filo, vidi un uomo di mezz'età, dai capelli rossi, che cercava di mettere insieme una trentina di frammenti di un vaso attico a figure nere. I pezzettini, a guardarli da lontano, sembravano tutti uguali, nel senso che avevano solo due colori: il nero e il rossiccio. Poi, però, a esaminarli con maggiore attenzione, nel nero si scorgevano anche alcuni segni chiari che potevano essere i finimenti di un cavallo o l'occhio di un guerriero.

Lui, l'uomo dai capelli rossi, era di un'abilità straordinaria: con una pinzettina prendeva i cocci, li girava, li rigirava, li esaminava con una lente d'ingrandimento, e tanto faceva, e tanto provava, che a poco a poco gli si veniva a formare davanti una figura di senso compiuto: si trattava di un carro con auriga. Lo guardai con ammirazione, come se fosse un prestigiatore.

«Da grande, voglio fare l'archeologo» comunicai alla famiglia unita, quella sera stessa.

«*Accussì te muore 'e famme!* (così muori di fame)» fu il commento scarsamente culturale di mio padre. «Se proprio ti piace la roba vecchia, apriti un negozio di souvenir a Santa Lucia, di fronte agli alberghi. Così, insieme alle cartoline illustrate, vendi pure i Colossei di plastica, le scatole di legno intarsiato con i carillon che suonano *Torna a Surriento* e le palle di vetro con il Vesuvio che quando le rivolti viene giù la neve.»

Oggi, a distanza di quasi cinquant'anni, il mio sogno si è avverato: sono qui, seduto alla scrivania, con davanti alcune centinaia di striscioline di carta su cui appaiono brevi frasi scritte in greco. Il mio lavoro consiste nell'accostarle le une alle altre, in modo da ricavarne un pensiero più articolato. Per la precisione, si tratta di 129 frammenti e di 61 testimonianze, tutte riferite al filosofo Eraclito, per un totale di 190 brandelli di discorso, alcuni più lunghi, altri più corti, alcuni più facili da capire, altri del tutto incomprensibili. Li ho dapprima fotocopiati, poi ritagliati e infine raggruppati per argomento. È un lavoro-gioco, una via di mezzo tra il bricolage e il rompicapo. Obiettivo? Scrivere un racconto dove il protagonista, per l'appunto Eraclito, dice tutto quello che pensa del Divenire, del Fuoco e dei rapporti attuali, in Italia, tra il Polo delle Libertà e il Polo Progressista. Il tutto con parole da lui già usate in passato.

I frammenti dei filosofi presocratici (*Die Fragmente der Vorsokratiker*), e in particolare di Eraclito, ebbero una prima sistemazione, agli inizi del secolo, grazie all'opera infaticabile di Hermann Diels e Walter Kranz. Questi due signori, da bravi studiosi tedeschi, ce ne hanno lasciato una raccolta completa e filologicamente rigorosa. In seguito, altri ricercatori si sono dedicati ai frammenti di Eraclito, ciascuno inventandosi un proprio criterio di raggruppamento, e quindi di numerazione.[2] Come spesso accade in questi casi, su alcuni *fragmenta* gravano seri dubbi di autenticità, su altri, invece, c'è solo disparità d'interpretazione.

Noi, invece, grazie a Dio, non essendo filologi (e neppure tedeschi), siamo andati a orecchio, e abbiamo cercato di far parlare il grande Eraclito con quelle parole che lui avrebbe detto in passato (pazienza, se poi non le ha dette) o che comunque gli vengono attribuite. Ci siamo riusciti? Forse sì, forse no: in compenso ci auguriamo che ne sia venuto fuori un ritratto credibile.

Tornando alla gita scolastica, ricordo che ebbe un finale tragicomico, degno di una commedia di Plauto.

Uno dei miei compagni di classe, tale Mautone (una specie di Franti al quadrato, più volte ripetente e già maggiorenne), impermalito dal fatto che la professores-

[2] Oltre alla raccolta Diels-Kranz edita da Laterza, ricordiamo: *Sapienza greca* di Giorgio Colli (ed. Adelphi), *Eraclito fuoco e non fuoco,* a cura di Luciano Parinetto (ed. Mimesis), *Eraclito, frammenti e testimonianze,* a cura di Carlo Diano e Giuseppe Serra (ed. Mondadori) e *I frammenti di Eraclito,* a cura di M. Markovich (ed. La Nuova Italia).

sa non gli avesse voluto fare nemmeno una foto ricordo, decise di vendicarsi e di farle uno scherzo, diciamo così, goliardico. Quando ci recammo allo stabilimento «Rex» di Portici per il tanto sospirato bagno di mare, Mautone, approfittando del fatto che la Rigosi aveva subito preso il largo, nuotando come una forsennata, entrò di nascosto nella sua cabina, prese la Leika, e si fece ritrarre le parti intime dal suo compagno di banco (per la storia: Gigino Caianiello, oggi scultore). Poi, riposta la macchina fotografica nel borsone della professoressa, andò a raggiungerla in mare per crearsi un alibi.

Quello che accadde in seguito fa parte della mitologia del liceo Jacopo Sannazaro. Io oggi non ricordo se sia stata la Rigosi o il Preside a ricevere dalle mani del fotografo «l'ingrandimento» di Mautone, so solo che quegli ultimi trenta giorni di scuola furono un inferno.

Innanzitutto cominciò a girare la voce che il Preside in persona avrebbe fatto, come dire, un confronto all'americana tra tutti i maschi della seconda B. Poi, la signorina Rigosi interrogò l'intera classe e affibbiò un bel quattro «politico» sia a quelli che risposero così così (tra cui io) sia a quelli che fecero scena muta. Alcuni furono addirittura rimandati a ottobre per la sola storia dell'arte. A Mautone il clima di terrore imposto dalla Rigosi non fece né caldo né freddo. Inutilmente cercammo di convincerlo ad autodenunciarsi: ci rispose che il quattro in storia dell'arte gli andava benissimo, che era il voto più alto che aveva avuto negli ultimi tre anni. Poi, col tempo, l'episodio venne dimenticato, e anche dello stile, più italico che corinzio, di Mautone nessuno fece più parola.

III

Sogno

Lo sapevo: non avrei dovuto mangiare i peperoni ripieni! Per giunta di sera, quasi a mezzanotte, un'ora prima di andare a dormire: lo sanno tutti che sono indigesti e difatti mi hanno massacrato. Come prima cosa ho faticato un sacco a prendere sonno, poi mi sono girato e rigirato nel letto come un pazzo. Ho cercato di leggere Senofonte, pensando: quello è noioso, mi farà da sonnifero, e invece niente, mi ha solo annoiato. Allora ho provato a prendere un digestivo. Non lo avessi mai fatto: ho trovato solo del bicarbonato, lo stesso che la filippina usa per pulire l'argenteria, ed è stato peggio: mi ha lasciato in bocca un disgustoso sapore d'intonaco. Poi, se Dio vuole, dopo un'attesa durata non so quanto, mi sono addormentato, e ho avuto un incubo, ma così preciso nei dettagli, da giurare che non fosse un sogno. Sissignore, ho sognato Eraclito, brutto, sporco e cattivo più che mai.

Stravaccato come un barbone sui gradini della scalinata del Duomo di Ravello, l'uomo di Efeso mi guarda in silenzio. Ha l'aria arrogante di chi non ha più nulla da temere: non solo non mi saluta, ma finge persino di non vedermi. Tutto a un tratto, però, si alza di scatto, come punto da un'ape, e mi urla contro:

«O indegno figuro, o mollusco ignobile, o verme schifoso, come osi alzare il tuo sguardo sulla mia persona? L'opera che mi appartiene non è stata scritta per te, ma per coloro che sono stati toccati dalla grazia delle Muse.[1] Abbi almeno il pudore di tacere, ammesso che tu conosca la bellezza del silenzio!»

Non ci sono dubbi: è lui, è Eraclito l'Oscuro, il più antipatico dei filosofi greci.

Scende i gradini di corsa, mi passa accanto e farfuglia un incomprensibile «*Epou moi*».[2] Lo seguo. Lo vedo inerpicarsi sulle scale della salita di San Francesco, quindi prendere la discesa che porta a Villa Cimbrone. Continuo a stargli dietro. Percorriamo insieme, e sempre senza parlare, il viale alberato. Arriviamo al Belvedere. Qui si volta e mi chiede:

«Cosa vedi?»

«Un panorama stupendo!» rispondo, e subito me ne pento: «stupendo» è un aggettivo da telenovela.

«Stupendo?» ripete lui, aggrottando la fronte.

«Sì, stupendo,» balbetto di nuovo «perché si vede tutta la costa, da Maiori a punta Licosa. Oggi poi la visibilità è eccezionale [ahi ahi: anche «eccezionale» è un aggettivo da quattro soldi]. Forse, con un po' di immaginazione, si potrebbe vedere perfino Elea, la patria di Parmenide.»

«Parmenide chi?» chiede lui.

Oddio: ho fatto un'altra gaffe! Lo sanno tutti che Eraclito e Parmenide non si sopportano: sono come due tifosi di calcio, uno romanista e uno laziale, il giorno del

[1] «Perché mi traete su e giù, o voi non tocchi dalla grazia delle Muse! La mia opera non è per voi, ma per quelli che m'intendono. Un solo uomo per me vale trentamila, mentre la massa innumerevole non fa neppure un uomo». (Diogene Laerzio, *Vite dei filosofi*, IX 1 16.)

[2] *Epou moi* in greco vuol dire «seguimi».

Arriviamo al Belvedere. Qui si volta e mi chiede...

M.C. Escher, *Belvedere*.
(© 1989 Cordon Art, Baarn, Olanda.)

derby capitolino. A questo punto, però, non posso più tirarmi indietro e faccio finta di non aver capito.

«Beh...» insisto «Parmenide... il grande Parmenide, quello dell'Essere.»

«L'Essere non esiste!»

«Come fai a dire che non esiste? Allora... secondo te Heidegger...»

«L'Essere è il Divenire visto da lontano! Dimmi, piuttosto, cosa vedi?»

«Beh, vedo il mare... un mare vasto, magico, immenso... sospeso nel vuoto... e poi tutto questo silenzio... questo senso di pace...»

«Di pace?» chiede lui, stupito.

«Sì, di pace.»

«Vorrai dire di guerra!»

«In che senso "di guerra"?»

«Nel senso che, dovunque volgi lo sguardo, mare, terra o cielo, troverai sempre una guerra: un pesce che mangia un altro pesce, un uccello che divora un insetto, un agnello che bruca un filo d'erba, un uomo che mangia un agnello e così via... di distruzione in distruzione. Lo sai chi è questa?»

E mi indica una statua enorme collocata giusto di fronte al panorama.

«Non saprei...» Poi azzardo: «È Afrodite?».

«No, è Demetra, dea della Natura, la più feroce di tutte le dee!»

«Beh, dalla faccia non si direbbe.»

«Eppure lo è: la Natura è un insieme di specie che per sopravvivere sono obbligate a distruggersi a vicenda. Perfino quelle sostanze che a prima vista ti sembrano inerti, a guardarle più da vicino, sono in lotta fra loro: il fuoco contro la terra, la terra contro l'acqua, l'acqua contro il fuoco e via dicendo...»

Mentre parla, mi viene in mente un pensiero di Leopardi che più o meno sosteneva la stessa tesi. Devo averlo letto a scuola nello *Zibaldone* o nei *Pensieri*. Adesso non lo ricordo bene, ma diceva pressappoco così: «Noi veniamo rapiti dalla bellezza di un fiore o dal silenzio di un bosco, e non ci rendiamo conto che dietro quel fiore e quel bosco c'è sempre una lotta per la vita».

Nel frattempo, Eraclito mi porge un cannocchiale da marina. Dio solo sa dove lo ha trovato.

«Guarda!» mi ordina, e io guardo.

A Maiori è in pieno svolgimento una festa. Dovrebbe essere quella di Santa Maria a Mare, la patrona del paese. Ci sono bancarelle sparse un po' dovunque, una banda che suona a tutto andare e, in uno spiazzo contornato da spettatori urlanti, due squadre di rione che si affrontano nel tiro alla fune. Pochi metri più in là, sul tavolo di una trattoria, dove da poco hanno finito di mangiare, due energumeni grondanti sudore si affrontano in uno spasmodico braccio di ferro. I loro visi sono contratti: hanno gli occhi chiusi, la bocca deformata dallo sforzo e i denti serrati. Da una parte e dall'altra gli amici, equamente divisi, li incitano a non mollare. Malgrado l'impegno, però, nessuno dei due riesce a progredire di un millimetro.

«Apparentemente sono immobili,» sottolinea Eraclito «in realtà sono al massimo della loro potenza distruttiva, e lo stesso accade in ogni punto dell'universo, giacché dovunque c'è vita, c'è guerra. Tutto accade secondo contesa.[2F] La guerra[3] è il padre di tutte le cose e di ognuna è il sovrano assoluto. Anche gli Dei dell'Olimpo sono sottoposti ai suoi voleri. Loro, illusi, pensano di essere deter-

[3] *Polemos (la guerra)* in greco è maschile e pertanto è il «padre» e non la «madre» di tutte le cose.

Polemos è il padre di tutte le cose.

M.C. Escher, *Disegno di simmetria* A.

minanti, di governare gli esseri umani, ma alla fine è sempre lui, *Polemos*, a decidere chi deve vivere da uomo libero e chi da schiavo.[1F] Ed è giusto che così sia, dal momento che proprio dalla contesa nasce la più sublime armonia.[5F] D'altra parte, mi sai dire che cos'è il divino?»

«Che cos'è?»

«È giorno e notte; è inverno ed estate; è guerra e pace; è sazietà e fame...[8F]»

Proprio a questo punto mi viene da starnutire, ed Eraclito ne approfitta per dirmi:

«E anche tu, piccolo uomo, altro non sei che un campo di battaglia. In questo momento, dentro il tuo lurido corpo, stanno combattendo i germi del male e i soldati del bene. Gli uni desiderano distruggerti e gli altri proteggerti, per farti sopravvivere il più a lungo possibile.»

Non mi parla di virus e di anticorpi, ma è come lo facesse.

«D'accordo,» convengo io «ma ci sarà pure nell'universo un angolino tranquillo. Uno spazio, magari modesto, dove però la Natura, finalmente pacificata, riposa?»

«Neanche per idea: la Natura desidera i contrari. Si eccita quando li vede.» E, così dicendo, sembra che anche lui provi un sottile brivido di piacere. «I punti più seducenti sono rappresentati dall'intero e dal non intero, dal convergente e dal divergente, dal consonante e dal dissonante. Più distanza c'è tra gli opposti, più è il godimento, giacché da tutte le cose ne deriva una sola, e da una sola derivano tutte.[3F]»

«Come mai?»

«Perché ciò che si concatena è nel medesimo tempo principio e fine.[14F]»

«Ma dove?»

«Nel cerchio.»

«Beh, a essere sinceri non è che ci ho capito molto...»

«E non me ne meraviglio! Sei come tutti gli altri: incapace di ascoltare e parlare.»[54F]

«Sì, d'accordo, sarò incapace,» ammetto «ma che c'entra la bellezza del golfo di Salerno con i contrari che si toccano?»

«L'armonia che proviene da un estremo si collega all'altro estremo,[6F] e così accade anche nella vita quando, tra una nascita e una morte, si generano armonie.»

«Io qui, veramente, di armonie non ne vedo, a parte il panorama.»

«Questo perché sei un barbaro e ti accontenti degli occhi e delle orecchie»[88F] mi dice con disprezzo. Poi aggiunge: «Fossero sufficienti i sensi per essere felici, basterebbe imitare i buoi che hanno appena trovato una cicerchia.[89F] Dal momento, però, che siamo uomini, e non bestie d'armento, è all'armonia nascosta che dobbiamo tendere. Sappi, però, che è anche la più difficile da scovare.[7F]»

«Spiegati meglio.»

«Supponiamo che, in questo momento, tu stia soffrendo di un male tremendo, e che grazie a un farmaco miracoloso ti passi ogni dolore; ebbene, solo la consapevolezza del male sofferto riuscirà a dare un significato al tuo piacere. È la malattia a rendere desiderabile la salute![9F] È la fame a esaltare la sazietà, è la fatica a farci apprezzare il riposo.[10F] Guai se non esistessero il dolore, la fame e la fatica!»

«Questo, se non sbaglio, lo diceva anche Socrate.»

«Socrate chi?»

Ci risiamo: ogni volta che gli nomino un filosofo, finge di non conoscerlo. L'unico che accetta è Biante da Priene, e questo perché Biante in un certo qual modo gli

Ciò che si concatena è nel medesimo tempo principio e fine.

M.C. Escher, *Nastro di Mobius II.*

rassomiglia.[98F] Non a caso era l'autore della massima: «La maggioranza degli uomini è cattiva».[4]

Io, comunque, continuo a parlargli di Socrate.

«Socrate, quando in carcere gli portarono la cicuta, gli tolsero anche le catene ai piedi, e lui, massaggiandosi una delle caviglie indolenzite, disse: "Che strana cosa sono il Piacere e il Dolore! Sembra quasi che si rifiutino di vivere contemporaneamente nella stessa persona, e così accade che s'inseguano di continuo, come se un Dio li avesse legati agli estremi di una stessa corda. Quando appare l'uno, ecco scomparire l'altro, e viceversa".»[5]

«E con ciò? Io queste ovvietà le ho dette cento anni prima di lui, e senza mai menarne vanto.» replica Eraclito, acido. «Adesso tutti a parlare di Socrate! Tutti a dire Socrate qui e Socrate lì! Ma chi sarà mai stato questo Socrate? Ringrazi gli Dei, piuttosto, che quand'era in vita gli misero accanto uno scrittore perché ne tramandasse i pensieri ai posteri.»

«Alludi a Platone?»

«Sì, allo scrittore.»

«Platone lo scrittore?! Ma Platone fu un filosofo.»

«Non mi risulta: per me fu uno scrittore, anzi uno sceneggiatore.»

«Ma vuoi scherzare?!»

«I suoi *Dialoghi* valgono poco di più delle sceneggiate di Aristofane.»

[4] I Prianesi gli consacrarono un recinto detto Teutamio. Suo apoftegma: «La maggioranza degli uomini è cattiva». (Diogene Laerzio, *Vite dei filosofi*, I 88.)

[5] «Che strana cosa, disse Socrate, sembra essere questo che gli uomini chiamano il Piacere! E che meravigliosa natura è la sua se la confrontiamo al suo contrario! Tutti e due non vogliono trovarsi nello stesso uomo, quasi che l'uno inseguisse l'altro, e come se entrambi fossero legati al medesimo capo.» (Platone, *Fedone*, 58b.)

«Ma come si fa a paragonare Platone ad Aristofane! A parte che sono entrambi dotati di saggezza...»

«Essere saggi non vuol dire essere intelligenti, altrimenti sarebbero intelligenti anche Esiodo, Pitagora, Ecateo e Senofane!»[90F]

«Ma Senofane, non è stato uno dei tuoi maestri?»

«Senofane? Mio maestro? Non lo dire nemmeno per scherzo!» protesta Eraclito con una smorfia di disgusto. «Io non ho avuto altri maestri al di fuori di me stesso, ed è per questo motivo che, di tanto in tanto, sono costretto a isolarmi.»

«A isolarti?»

«Sì, per interrogarmi.»[127F]

«Da solo?»

«Da solo.»

«Non credi, o Eraclito, di essere un pochino presuntuoso?» ribatto io, nella vana speranza di fargli abbassare la cresta. «Come fai ad affermare che Esiodo e Pitagora non furono intelligenti?»

«Di Pitagora penso il peggio che si possa pensare: fu il re dei ladri,[97F] il principe dei truffatori. Raccolse moltissimi libri, dai quali copiò tutto il suo sapere, per poi usarlo ai danni del prossimo.[96F]»

«E di Esiodo?»

«Non era capace di guardare un palmo più in là del proprio naso. Di lui si favoleggia che è stato un grande maestro[93F] ma, a essere sinceri, non capì mai un accidente.»

«Non puoi negare, però, che insieme a Omero è stato uno dei massimi scrittori di tutti i tempi.»

«Buono quello!»

«Quello chi?»

«Omero.»

«Perché, che ti ha fatto?»

Quando appare l'uno, ecco sparire l'altro e viceversa.

M.C. Escher, *Mosaico II*.
(© 1989 Cordon Art, Baarn, Olanda.)

«Lui e Archiloco hanno detto la peggiore stupidaggine mai pronunziata da bocca mortale.»

«Cioè?»

«Quella di augurarsi che possa morire la contesa.»[6]

«Beh, non mi sembra proprio una sciocchezza. Erodoto racconta...»

«Erodoto chi?»

«Lo storico.»

«Cosa dice?»

«Racconta che un giorno Creso, rivolgendosi a Ciro, disse: "La pace è diversa dalla guerra, perché quando c'è la pace i figli seppelliscono i padri, e quando c'è la guerra i padri seppelliscono i figli".»[7]

«E con questo? Cosa vuoi che importi alla natura se uno muore qualche giorno prima o qualche giorno dopo?»

«Beh, qui non si tratta di giorni, ma di anni.»

«Giorni e anni non fanno differenza se confrontati con i millenni. Tutti dobbiamo morire. Ti rendi conto, invece, che senza la contesa non esisterebbe il mondo? Che senza l'acuto e il grave non esisterebbe l'armonia? Che senza il maschio e la femmina non ci sarebbero gli uomini, così come non ci sarebbero gli animali, e tra questi nemmeno Omero e Archiloco? Costoro, per il solo fatto di aver desiderato la fine della contesa, meriterebbero di essere cacciati dagli agoni a frustate!»[92F]

[6] Eraclito rimprovera Omero per aver detto: «Che possa perire la Contesa tra gli uomini e tra gli Dei!». Non vi sarebbe, infatti, più l'armonia se non ci fosse l'acuto e il grave, e neppure animali senza il maschio e la femmina. (Aristotele, *Etica Eudemia*, 1235 a 25 – *Simplicio in Cat.* 412, 22. Diogene Laerzio, *Vite dei filosofi*, IX 1.)

[7] «Nessuno è così stolto da preferire la guerra alla pace, giacché in tempo di pace i figli seppelliscono i padri, mentre in tempo di guerra i padri seppelliscono i figli.» (Erodoto, *Le Storie*, libro I, 87.)

«Addirittura!»

«A ogni modo, tanto per farti capire chi era Omero, ti racconto una storia.» E qui Eraclito inaspettatamente si mette a ridere. «Un giorno Omero vide un gruppo di ragazzini che si stavano spidocchiando. "Cosa state facendo?" chiese loro, e quelli risposero: "Ciò che vediamo prendiamo, e ciò che non vediamo portiamo".[91F] Ovviamente, il vecchio trombone non capì nulla e rimase lì a rimuginare sulla profondità del messaggio.»

E giù un'altra risata.

«Adesso, però, ritorniamo alla contesa» gli propongo io. «Ci sono stati due grandi uomini del mio tempo, Freud e Einstein, che si sono chiesti perché scoppino le guerre, visto che, a conti fatti, non convengono a nessuno, né ai vinti né ai vincitori.»

«E a quali conclusioni sono arrivati?»

«Secondo Einstein, l'uomo ha dentro di sé una grande voglia di odiare. In tempi normali questa passione è latente, in circostanze eccezionali, invece, esce fuori perché strumentalizzata dai politici e dai mercanti d'armi.»

«Sono d'accordo: l'uomo è cattivo... anzi più che cattivo, è stupido!»

«Secondo Freud, invece, esistono due specie di pulsioni: una di tipo erotico che tende a unire, e una di tipo distruttivo che tende a dividere. O si è sotto l'influenza dell'una o dell'altra...»[8]

«Non sono d'accordo,» m'interrompe Eraclito «o, per meglio dire, non sono completamente d'accordo: se vogliamo entrare nella logica della natura, non bisogna procedere per esclusioni, ma per congiunzioni. Non è esatto dire "questo o quello", bensì "questo e quello". *Eros* e

[8] S. Freud, *Perché la guerra. Carteggio Einstein-Freud*, ed. Boringhieri.

Thanatos, pur combattendosi, abitano entrambi nell'uomo ed *erìzein* è il loro modo abituale di esprimersi.»[9]

«Niente affatto» obietto io. «Creazione e distruzione non possono coesistere: se l'una prevale, l'altra soccombe.»

«E perché mai, se è la prima a generare la seconda e la seconda a generare la prima?» incalza lui. «Quando costruisci una casa distruggi una radura, e quando distruggi una casa crei una radura.[10] Non c'è creazione che non comporti una distruzione, e viceversa.»

«Questo lo afferma anche Empedocle, quando sostiene che non esistono Nascita e Morte, ma solo Amicizia e Contesa che mescolano le cose.»[11]

«Lo so, lo so: quello lì mi ha sempre copiato.»

«Comunque io continuerò a preferire il generare all'uccidere.»

«E io ti ripeto per l'ennesima volta che non c'è differenza tra uccidere e generare. Del resto, dalle nostre parti *bios* vuol dire vita e *bia* vuol dire violenza.»

A questo punto mi sono svegliato e, che ci crediate o no, mi è venuta voglia di starnutire.

[9] *Erizein* in greco vuol dire «combattere».
[10] E. Severino, *La guerra*, p. 47, ed. Rizzoli.
[11] Plutarco, *Adversus Colotem*, 10, p. 1111 f.

IV

Vita di Eraclito scritta da lui medesimo

Mi chiamo Eraclito e sono nato a Efeso nel 540 avanti Cristo, poco prima della 69° Olimpiade. Dico così perché così mi hanno consigliato di dire, ma, a essere sinceri, non so chi sia questo Cristo di cui tutti parlano: suppongo essere un filosofo nato nel 540 dopo Eraclito.

Mi hanno messo nel Limbo e vi assicuro che ci sto malissimo. Ho sempre avversato la «via di mezzo» e tutte le sciocchezze dette in proposito dai filosofi dei miei tempi. Qualcuno mi potrà rinfacciare che anch'io una volta ho sostenuto i pericoli della tracotanza,[72F] ma una cosa è invitare gli uomini a non eccedere, e un'altra predicare la giusta misura come ha fatto quel saccente di Aristotele con la sua *to metrion*. Forse nel Limbo lui si sentirà come a casa sua, io no di certo. Se c'era qualcuno che meritava l'Inferno, questo qualcuno ero io. D'altra parte, sono o non sono il profeta del Fuoco? E allora, per Zeus, mettetemi nel Fuoco!

Quando ero già vecchio alcuni saggi mi vennero a trovare a Efeso: avevano saputo che c'era un pazzo che aveva strane teorie sulla creazione e volevano saperne di più. Quel giorno, ricordo, faceva un freddo terribile. I saggi mi sorpresero mentre mi stavo scaldando le mani a un camino.[1]

«Sei tu Eraclito?» mi chiesero, fermandosi sulla soglia. E io subito: «Son'io». Poi aggiunsi: «Accomodatevi pure accanto al Fuoco, o saggi, giacché è qui che abitano gli Dei». «Cosa vuoi dire?» chiesero loro. «Che furono gli Dei a creare il Fuoco?» «Esattamente il contrario, risposi io: fu il Fuoco a creare gli Dei, giacché è il Fuoco l'arbitro dei nostri destini. Il Fuoco sa sempre quello che fa, e quello che fa è sempre giusto. A noi non resta che accettarne le volontà!»

Secondo alcuni, il posto ideale per trascorrere l'Oltretomba sarebbe il Paradiso. Per carità, niente di più sbagliato: non esiste luogo più noioso di quello. Non date ascolto ai sacerdoti quando, nei templi, vi promettono un'eternità fatta solo di giorni felici: mentono sapendo di mentire. Non è possibile trascorrere giorni lieti se non si vivono anche quelli tristi,[95F] così come non è possibile apprezzare la felicità senza avere un'idea, quanto meno approssimativa, dell'infelicità. Lo stesso dicasi del piacere in relazione al dolore, e del riso disgiunto dal pianto. Fate come faccio io: più mi parlano bene del Paradiso, e più mi convinco che l'unica destinazione accettabile per uno come me sia l'Inferno.

Ieri, finalmente, dopo venticinque secoli di attesa, ho avuto il permesso di rivedere il paese dove sono nato. Che delusione! Innanzitutto, ha cambiato nome: non si chiama più Efeso ma Méditerranée, anzi, peggio ancora, si chiama Club Méditerranée.[2] Sparite le terme, la

[1] Aristotele, *Sulle parti degli animali*, 645a 17.

[2] Qui ci si riferisce al Club Méditerranée di Kusadasi, situato nei dintorni di Efeso.

via dei marmi, il tempio di Artemide, l'*agorà*, la porta di Magnesia e la porta di Eracle. Solo una lunga sequela di casupole tutte uguali, chiamate misteriosamente «bungalow». Qui i cittadini non pensano altro che a divertirsi. Non uno, dico uno, che abbia voglia di lavorare! Quello, però, che più mi ha colpito è stato il cibo: non ne avevo mai visto tanto e tutto in una volta! Tavoli lunghissimi, stracolmi di ogni tipo di pietanza: focacce, polli, pesci, verdure, vini, frutta e certi rotolini di pasta ripieni di carne chiamati «cannelloni».

Insomma, una cosa che nemmeno gli Dei dell'Olimpo si sono mai potuti permettere. Il tutto poi a volontà: ogni abitante della nuova Efeso può mangiare e bere quello che vuole senza che nessuno gli possa mai dire basta. E pensare che il povero Anassagora morì di stenti: dopo tre giorni e tre notti che non riusciva a rimediare un tozzo di pane, si sdraiò sul suo lettino, si coprì il viso con un lenzuolo, e attese con pazienza che arrivasse la fine.[3]

Quando gli ho raccontato del Club Méditerranée, per poco non sveniva. E sempre a proposito di svenimenti, ne stavo per avere uno anch'io per colpa delle femmine del Club. Andavano in giro praticamente nude. Avevano indosso una mutandina ridottissima... ma che dico, «mutandina»... era sì e no una cordicella legata alla vita con un pezzetto di stoffa sul davanti. Loro la chiamano «tanga». Io ormai sono vecchio per queste cose, ho 2536 anni, eppure vi assicuro che mi son sentito rimescolare il sangue nelle vene quando ho visto le femmine della nuova Efeso. Che peccato essere nato così in anticipo! Oggi, magari, mi sarei dedicato un po' meno alla filosofia, e un po'

[3] Cfr. *I presocratici*, ed. Laterza, p. 558, par. 3.

di più a scivolare sulle acque, come ho visto fare a certi giovanottoni attaccati a una fune dietro barche più veloci di una freccia di Artemide.

C'è poi un aspetto di questa nuova Efeso che merita particolare attenzione, ed è il Divenire. Magari sarà pure per merito mio che sono nato da queste parti, certo è che il «muoversi» per la gente del Méditerranée è un vero e proprio dovere: tutti si agitano, tutti corrono a destra e a manca, tutti praticano il *panta rei* come se fosse una religione. C'è un rito, ad esempio, chiamato «caccia al tesoro», dove nessuno scava la terra per trovare l'oro (facendo molta fatica e ricavandone poco costrutto[70F]) ma dove tutti si disperdono e si radunano, si avvicinano e si allontanano, come presi da improvviso furore.[20F] Ci sono addirittura maestri pagati fior di quattrini per far sì che nessuno stia fermo. Si chiamano G.O. e sono molto amati dalle donne nude. Altro che i maestri dei miei tempi: il cinico Antistene per rimediare una compagna si dovette accontentare di Curpia, la femmina più brutta di tutto l'Egeo. Ma a lui stava bene così, e contento lui contenti tutti.[4]

I miei familiari erano ricchi, o quanto meno lo erano secondo i canoni dell'epoca, quando per sentirsi tali bastava possedere mezzo stadio di terra e una coppia di buoi. Nobili, comunque, lo erano di sicuro: mio padre Blosone (e non Blysone, Eraconte, Bautore o Erachione, come hanno scritto alcuni)[5] era un diretto discendente di Androclo, il fondatore di Efeso.

4 «Quando sento il bisogno di avere un rapporto con una donna» disse Antistene «la scelgo sempre molto brutta, in modo che me ne sia grata per tutta la vita.» (Diogene Laerzio *Vite dei filosofi*, VI 1 3.)

5 Di Eraclito di Efeso si disse che era figlio di Blosone, di Bautore, o di Erachione

Si disperdono e si radunano, si avvicinano e si allontanano.

M.C. Escher, *Incontro*.

A proposito di Androclo, lo sapete come scelse il luogo dove fondare Efeso? Le cose andarono così: lui, prima di salpare da Atene, chiese ad Apollo verso quale direzione avrebbe dovuto dirigere la prora, e come avrebbe fatto a riconoscere il punto esatto dove porre la prima pietra. L'oracolo rispose: «Lì dove vedrai un pesce e un cinghiale, l'uno accanto all'altro[6]».

Normalmente gli oracoli non sono mai molto espliciti: essi si limitano ad accennare.[48F] Qui, invece, l'indicazione fu fin troppo chiara. Solo che trovare un pesce e un cinghiale l'uno accanto all'altro era cosa alquanto improbabile. Ebbene, Androclo ci riuscì lo stesso: appena sbarcato, infatti, pescò un pesce e per mangiarselo lo gettò ancora vivo in una pentola d'olio. Il pesce saltò fuori dalla pentola, questa si rovesciò e l'olio alimentò il fuoco che si estese alla sterpaglia circostante. L'incendio divampò nel bosco e fece fuggire un cinghiale che vi si era appena rifugiato. La mia città, quindi, ebbe origine dal Fuoco, come, peraltro, tutte le altre città del mondo, dal momento che ogni cosa nasce da un baratto col Fuoco, così come ogni bene può essere comprato con l'oro.[24F]

Di me è stato detto che fui «altero quanto altri mai e che guardavo tutti con fiero disprezzo».[7] Ora che io sia eccentrico, scorbutico, stravagante, presuntuoso, intollerante, nemico della democrazia, e a volte anche perverso, non ci sono dubbi.

(Suda s.v.1), o di Blosone o di Eraconte (Diogene Laerzio, *Vite dei filosofi,* IX 1) o di Blysone (Clemente Alessandrino, *Stromata,* I 65).

6 Pausania, VII 7, 2, 8. Strabone, 14, p. 633-640.

7 Fu altero quanto altri mai e guardava tutti con fiero disprezzo. Diogene Laerzio, *Vite dei filosofi,* IX 1, 1.

In compenso, però, non ho mai mentito. L'appartenere a una famiglia nobile non mi fece mai sentire un essere di razza superiore e, anche quando mi comportai da snob, lo feci sempre in nome della cultura e mai del censo. Fin da piccolo, infatti, manifestai il più assoluto disprezzo per gli ignoranti, e di conseguenza per il popolo bruto. Il fatto è che mentre il pensare è comune a tutti,[56F] il sapere non è un bene della maggioranza. I più infatti, proprio mentre camminano, dimenticano dove sono diretti.[60F]

Il mio pensiero politico, detto in due parole, è il seguente: «Dal momento che gli intelligenti sono pochi e gli stupidi moltissimi, che questi ultimi si tolgano di mezzo».[66F] Dicono che sono reazionario, ma a me di quello che dicono gli altri poco importa: sarò pure reazionario, ma non sarò mai uno di quelli che prima afferma una cosa e poi si contraddice.

La prima dote che mi caratterizza è la coerenza, e la seconda il disinteresse per il potere. Pensate che, malgrado fossi il primogenito e avessi diritto al titolo di *basileus*, abdicai in favore di mio fratello minore.[8] Ebbene, per chi non lo sapesse, il *basileus*, ai miei tempi, era la massima autorità sacerdotale e, contemporaneamente, un'importante carica politica, paragonabile, forse, a quella che voi, oggi, definite Primo Ministro.

Ricordo ancora quel giorno: i notabili mi aspettavano nel palazzo dell'arconte e io me ne andai a giocare agli astragali con i ragazzini nel tempio di Artemide. Quando i messi vennero a rimproverarmi perché non mi ero presentato, dissi loro: «O canaglie, perché vi stupite?!

[8] Antistene nelle *Successioni dei filosofi* afferma che egli rinunziò al titolo in favore del fratello. (Diogene Laerzio, *Vite dei filosofi*, IX 6.)

Non è preferibile giocare con i fanciulli che partecipare ai vostri sporchi intrallazzi?».[9] D'altra parte, non avevo scelta: come filosofo non potevo desiderare il potere, né, tanto meno, il miglioramento della razza umana, cosa che, più che faticosa, considero impossibile.

E poi gli Efesii meritavano tutto il mio disprezzo. Auguro loro che non vadano mai in miseria:[77F] altrimenti, una volta privi del Dio Denaro, non saprebbero più a quale divinità votarsi. Basti pensare che un giorno esiliarono Ermodoro solo perché era onesto. «È così integro» dissero «che al suo confronto faremmo tutti una pessima figura, e allora tanto vale che se ne vada a vivere altrove.» Ah, quanto sarebbe stato meglio se, prima di questa vergognosa sentenza, si fossero impiccati tutti, dal primo all'ultimo, e avessero affidato il governo della *polis* ai giovanetti impuberi![78F]

Un giorno Dario, re dei Persiani, desiderando circondarsi di artisti e d'intellettuali, m'invitò a corte. Conservo ancora la sua lettera d'invito, anche perché la ritengo illuminante per capire i magnati del mio tempo.[10] Eccola qui:

Dario re, figlio di Ispaste, saluta Eraclito di Efeso

Tu hai scritto un libro sulla natura che è di difficile interpretazione. Comunque, se ho ben inteso i tuoi pensieri, il cosmo e tutti i fenomeni che in esso si verificano dipenderebbero da un movimento divino. Dal momento, però, che sulla mag-

[9] Ritiratosi nel tempio di Artemide, passava le ore a giocare agli astragali con i fanciulli, e agli Efesii, che si adunarono intorno, disse: «Di cosa vi meravigliate, o canaglie? Non è meglio, forse, giocare che partecipare con voi alla vita della città?». (Diogene Laerzio, *Vite dei filosofi*, IX 3.)

[10] Diogene Laerzio, *Vite dei filosofi*, IX 13.

gior parte dei tuoi scritti anche i più illustri sapienti non vanno d'accordo, io Dario, figlio di Ispaste, vorrei esser reso partecipe del tuo insegnamento. Vieni quindi al più presto al mio cospetto, nel mio palazzo reale. (...) Ti sarà assicurato ogni privilegio e una conversazione quotidiana bella e nobile.

Ed ecco la mia risposta:

Eraclito di Efeso saluta Dario re, figlio di Ispaste

Tutti quelli che vivono sulla terra sono condannati a restare lontani dalla verità a causa della loro miserabile follia. Pensano solo a placare l'insaziabilità dei sensi e ambiscono al potere. Io, invece, che sono immune dal desiderio e che rifuggo ogni privilegio, fonte d'invidia, resto a casa mia, contento di quel poco che possego.

Dario, però, non si dette per vinto: il suo era il più prestigioso salotto del mondo, anzi l'unico, e lì, forse, avrei avuto anche modo di dissertare su tutti gli argomenti che più stimolavano la mia curiosità: il Divenire, l'Essere, l'Acqua, il Fuoco, insomma tutte quelle cose che Dario non avrebbe mai capito, ma che avrebbe fatto di tutto per fingere di aver capito. Io, però, non ero affatto disposto a fargli da complice: stavo bene a casa mia e non avevo alcuna voglia di frequentare cortigiani e leccapiedi.

Il re dei Persiani, allora, fece appello ai miei più bassi istinti: mi offrì oro, argento e donne a volontà, tipo quelle del Club Méditerranée. Al che io risposi che mi bastava ciò che già avevo e che non desideravo il soverchio. Di certo avrà pensato che ero un arrogante, o quanto meno uno sprovveduto. Questo giudizio, però, a me non fece né caldo né freddo, dal momento che ognuno è fatto in un certo modo, e, tanto per capire in qual modo fosse fatto lui, eccovi una storia che lo riguarda.

Una volta una regina di nome Nitokris, vissuta molti anni prima di Dario, si fece costruire una tomba nell'arcata della porta principale della città, e pretese che ci venisse incisa sopra la frase: «Se un giorno un re di Babilonia avesse bisogno di denaro, non avrà che da aprire quest'avello e prelevare tutto ciò che desidera. Si ricordi, però, di farlo solo in caso di assoluta necessità». Ebbene, per decine e decine d'anni la tomba restò inviolata, finché un bel giorno arrivò Dario. Lui non ci stette a pensare nemmeno un istante: aprì il sepolcro e, giustamente, non vi trovò nulla, a eccezione del cadavere della regina e di una seconda lapide su cui si leggeva: «Se non avevi davvero bisogno di soldi, perché sei venuto a darmi fastidio?».[11]

I re, è risaputo, capiscono poco o nulla della vita, e quello che non capiscono in genere li disorienta. Un giorno un potente della terra ordinò a un pittore di dipingergli un quadro. Questi accettò l'incarico a patto che potesse mostrargli il quadro solo dopo averlo finito. Passarono molti anni e l'artista non si decideva mai a consegnare l'opera, finché un bel giorno il re, spazientito, lo convocò a corte.

«È pronto il quadro?» gli chiese.

«Sì, è pronto, e anche da molto» rispose il Maestro. «Sei tu, però, che non sei ancora pronto.»

«Pronto a che cosa?»

«A capire il quadro.»

[11] Erodoto, *Le Storie*, I 187 1.

«Questo, se permetti, lo decido io, e, comunque, pronto o non pronto, voglio vedere subito il quadro!»

Il pittore allora lo fece entrare nella stanza. Il quadro era eccezionale: mostrava un vasto paesaggio nuvoloso con montagne e vallate a perdita d'occhio. Era a tal punto suggestivo da sembrare dipinto non a due ma a tre dimensioni.

«È bellissimo!» esclamò il re. «Ma non vedo cosa ci sia da capire. L'unico dettaglio che m'incuriosisce è questo sentiero a mezza costa, qui sul lato della montagna: dove porta?»

Il Maestro non rispose, ma s'incamminò per quel sentiero e sparì per sempre.[12]

Questa storia, letta come deve essere letta, ci fa capire che l'armonia invisibile è più bella di quella visibile,[7F] e che la medesima cosa accade a tutti quegli uomini la cui parte migliore è nascosta nelle pieghe dell'anima. La natura, infatti, ama celarsi[57F] e sta a noi stanarla per farla uscire alla luce del sole.

È inutile precisare che le mie idee non piacevano affatto agli Efesii: il distacco dai beni materiali, l'indifferenza per il denaro, il rifiuto del cibo, erano per loro altrettante bestemmie. Una volta fui molto criticato per aver convinto il tiranno Melancoma a lasciare il potere e a vivere nei boschi.[13] Lui, invece, mi ringraziò in ginocchio, perché solo vivendo secondo natura era riuscito a godersi qualche scampolo di felicità. Qui nel Limbo c'è un napoletano, un certo Esposito, che canta sempre una canzone. Dice questo Esposito: «*Basta ca ce sta 'o sole, ba-*

[12] Da *L'armonia nascosta* di Bhagwan Shree Rajneesh.
[13] Clemente Alessandrino, *Stromata*, 1, 65.

Un vasto paesaggio nuvoloso con montagne
e vallate a perdita d'occhio.

M.C. Escher, *Castrovalva.*

sta ca ce sta 'o mare, 'na nenna a core a core e 'na canzone pe' cantà, chi ha avuto, ha avuto, ha avuto, chi ha dato, ha dato, ha dato, scurdammece 'o passato, simme 'e Napule paisà».

Ebbene, credetemi: la canzone di Esposito avrebbe potuto essere l'inno nazionale dei miei compatrioti, che avevano gli stessi ideali oggi sbandierati dal Club Méditerranée. E, a questo proposito, è indispensabile che vi racconti un'altra storia:

Una volta Efeso subì un lungo assedio da parte dei Persiani, eppure tutti continuarono a bere e mangiare come se le riserve di cibo fossero inesauribili. Allora io, sdegnato, mi presentai all'assemblea del popolo e, senza proferire parola, salii sul palco, presi da una borsa un pugno d'orzo tritato, lo mescolai con l'acqua e cominciai a mangiarlo in silenzio. Gli Efesii capirono il messaggio e da quel giorno iniziarono un periodo di grande austerità che finì per scoraggiare gli assedianti.[14]

Biante sostiene che la maggioranza degli uomini è cattiva, e a mio avviso sbaglia: la maggioranza degli uomini non è cattiva ma stupida, immensamente stupida. Provate, un giorno, a piazzarvi in un angolo della città e soppesate tutti quelli che vi passano davanti. Ebbene, prima di poter esclamare «Ecco un uomo!», ne dovrete contare almeno diecimila.[62F] È facile far credere agli altri di essere saggio, difficile è poterlo dimostrare con i fatti.[63F] Non ci vuol nulla a plagiare le masse: basta urlare, promettere o minacciarle col bastone, e loro subito vi seguiranno. I migliori, invece, hanno obiettivi più articolati, più selettivi, e scelgono la gloria[74F] perché sanno

[14] Temistio, *De virtute*, p. 40. Plutarco, *De garrulitate*, 511 b.

che, finché non si spera, non sarà possibile afferrare l'insperato.[118F]

Purtroppo però, ripeto, la maggioranza degli uomini è stupida, e lo stupido, si sa, ama meravigliarsi.[58F] A quel punto, le verità degradano a opinioni e le opinioni a loro volta diventano giocattoli per bambini,[59F] il che è profondamente sacrilego se si pensa che dovrebbero discendere direttamente dagli Dei.[55F]

La mia vita è stata segnata dal conflitto con l'acqua. Il primo impatto lo ebbi da ragazzo: a dieci anni mio padre mi portò sulle rive del fiume Klaseas e volle per forza che imparassi a nuotare.

«Io, lì dentro non mi butto!» esclamai deciso.

«Perché?»

«Perché ho paura!»

«Ma se mi ci sono appena buttato io» protestò lui, mostrandomi le vesti ancora bagnate.

«La mia acqua sarebbe diversa dalla tua.»

«Ma se il fiume è lo stesso?!»

«Il fiume sarà pure lo stesso, l'acqua mai.»[17F]

Il concetto, però, era troppo complicato per un brav'uomo come mio padre: onesto lavoratore, poco portato alla speculazione filosofica, non credeva a nulla che non potesse toccarsi con le mani. E difatti non fece alcuno sforzo per capirmi: mi prese per un braccio e mi scaraventò nel fiume. Bevvi alquanto e da quel giorno giurai eterno odio all'acqua e a tutto quello che esiste in natura di umido o di acquoso.

La verità è che al mondo non c'è niente di più pericoloso dell'acqua. La terra, l'aria e il fuoco, bene o male, si possono sempre contrastare; l'acqua, invece, è invincibile. La maledetta passa, s'infiltra, entra in ogni anfrat-

La maledetta passa, s'infiltra, entra in ogni anfratto, in ogni buco, in ogni fessura, e lì dove penetra comincia a marcire.

M.C. Escher, *Cascata*.

to, in ogni buco, in ogni fessura, e lì dove penetra comincia a marcire. Quand'è che un cervello dà i primi segni di squilibrio? Quando l'acqua lo invade. Quand'è che un uomo diventa stupido? Quando nella sua anima c'è più acqua che fuoco. Quand'è che un'anima comincia a morire? Quando si allaga.[100F]

Ora si dà il fatto che all'anima piaccia l'umidità. Lo so, è imbarazzante doverlo ammettere, ma all'anima piace sguazzare nell'acqua! [101F]

Ebbene, un brutto giorno l'acqua decise di vendicarsi per tutto quello che avevo scritto nel *De natura* contro di lei, e mi fece morire infiltrandosi nel mio corpo. Qualcosa del genere pare sia accaduta anche a quel losco figuro di Pitagora, a lui però con le fave. Per tutta la vita aveva odiato le fave, ed è andato a morire giusto in un campo di fave.

Ma torniamo ai miei rapporti con l'acqua.

Già da tempo mi ero ritirato sui monti, lontano dalla mondanità di Efeso e dal rumore della città. Avevo preso questa decisione per non dover condividere l'aria con gli stupidi e mi nutrivo esclusivamente d'erbe e di radici. Qualcuno magari mi criticherà per questo, ma non so che farci: sono allergico alla stupidità umana, così come altri lo sono al polline. Sarò pure cattivo, ma se incontro un idiota è più forte di me: sono costretto ad allontanarmi.

Dunque dicevo: mi ero ritirato sulle montagne a nord di Efeso e vivevo allo stato brado, quando, un brutto giorno, mi accorgo di essere gonfio.[15] La mia pelle ave-

[15] Diogene Laerzio, *Vite dei filosofi*, IX 3.

va cominciato a tendersi come quella di un otre. Non mangiavo e non bevevo, eppure continuavo a gonfiarmi. Insomma ero idropico.

Fui costretto, allora, a tornare a Efeso per farmi curare dai medici. Ora, voi lo sapete quello che ho sempre pensato dei medici? «Che non solo tagliano e bruciano le carni, ma che pretendono pure di essere pagati.»[116F] Ebbene, quando me li vidi intorno al letto come tanti avvoltoi, non ce la feci e mi misi a parlare per enigmi. Chiesi loro «se c'era qualcuno in grado di mutare un'inondazione in una siccità».[16] Quelli, ovviamente, non capirono, e io li cacciai a pedate.

Alla fine capitai nelle mani di un ciarlatano: un farabutto che mi convinse a entrare in una stalla colma di escrementi.

«Immergiti nel letame,» mi disse «e vedrai che il caldo della merda finirà con l'assorbire tutta l'acqua che hai in sovrappiù.»

E io, come un coglione, gli detti pure ascolto: entrai nelle stalle della mia casa paterna e mi feci coprire di letame di vacca fino al collo. Stavo lì, con il viso appena fuori dallo sterco, quel tanto che bastava per respirare, quando entrarono i cani, i miei cani. Ebbene, non ci crederete, ma i cani non mi riconobbero.[124F] I più giovani cominciarono ad abbaiare. Poi, a un certo punto, il capobranco, quello che amavo più di tutti, mi saltò addosso e mi azzannò alla gola. Tutti gli altri lo imitarono. Io allora urlai con quanto fiato mi rimaneva in gola: «Sono Eraclito, sono il vostro padrone!». Ma non ci fu nulla da

[16] Alla fine, preso dal fastidio degli uomini, se ne andò a vivere sui monti nutrendosi d'erbe e di piante selvatiche. Ammalatosi d'idropisia, tornò in città e chiese ai medici, in forma di enigma, se sapessero mutare un'inondazione in una siccità. (Diogene Laerzio, *Vite dei filosofi*, IX 3.)

fare: l'odore del mio corpo, la sola cosa, forse, che avrebbe potuto farmi riconoscere e salvarmi, era completamente sommerso dal fetore del letame. Nel giro di pochi minuti venni sbranato e divorato. E tutto questo per colpa dell'acqua.

V

Panta rei

Eraclito era un «cartesiano» del VI secolo avanti Cristo: non credeva in nulla che non fosse approvato dalla ragione, dal *Logos*, come diceva lui. Per certi aspetti anticipava i cosmologi del nostro tempo. «Il mondo che ci circonda» era solito dire «non è stato generato dagli Dei ma dal Fuoco, e sarà sempre il Fuoco a dargli l'ultimo respiro.»[28F] Non usava testualmente l'espressione Big Bang, ma poco ci mancava.

Criticava tutti coloro che pregavano nei templi: «Rivolgere preghiere alle statue degli Dei è come dialogare con le case invece che con gli abitanti».[79F] Se la prendeva con quelli che, per purificarsi dei peccati, sacrificavano gli animali. «Si purificano del sangue versato macchiandosi di altro sangue, come se per pulirsi dalla melma si lavassero con altra melma.»[75F]

Buon per lui che a Efeso non la pensassero come ad Atene, altrimenti un bel processo per empietà non glielo avrebbe tolto nessuno. Insomma, Eraclito era un razionalista che più razionalista non si può. Divideva l'umanità in due grandi categorie: i millantatori e gli stupidi. Tra i primi poneva i medici, i politici, i sacerdoti, gli indovini e i mercanti. Tra i secondi, tutti gli altri. Unico dubbio: quale dei due gruppi fosse il peggiore: se quello degli sfruttatori o degli sfruttati. Ovviamente non credeva all'Ananke (la Dea del Destino secondo i Greci) né a tutte le superstizioni messe in giro dai poeti. «Il più bello dei mondi, diceva, è un mucchio di rifiuti gettati giù dal caso.»[37F] Sessanta anni più tardi Socrate verrà condannato a morte per aver detto molto meno.

Eraclito fu soprannominato da tutti *o Scoteinòs*, l'Oscuro, e da Timone di Fliunte «un oratore irto di enigmi»,[1] perché, quelle rare volte in cui si degnò di parlare in pubblico, nessuno capì niente. Il primo a criticarlo fu Cratete allorché, nel parlare del suo libro *Sulla Natura*, disse ai discepoli: «Se ve la sentite, leggetelo pure, sappiate, però, che per capirci qualcosa dovete essere più bravi di un tuffatore di Delo».[2] Come a dire: «Solo un subacqueo, capace di resistere in apnea per molti minuti, può farcela a uscire vivo da una lettura come questa». Aristotele, dal canto suo, rincarò la dose, e definì il libro di Eraclito un «guazzabuglio senza capo né coda».

«Impossibile leggerlo!» sentenziò il «maestro di color che sanno». «Se non altro perché, a causa della totale assenza di virgole, non si capisce mai se un aggettivo sia da collegare alla parola che segue o a quella che precede.[3] Prendiamo, ad esempio, la frase: *"Del Discorso che è sempre non intelligenti sono gli uomini"*. Ebbene, non si

[1] Lo attesta Timone scrivendo: «E fra essi si alzò con voce acuta Eraclito, sferza del volgo, tutto irto di enigmi». (Diogene Laerzio, *Vite dei filosofi*, IX 6.)

[2] Crotone, in un libro intitolato Il *tuffatore*, narra che il primo a portare in Grecia il libro di Eraclito fu un certo Cratete, e che fu quest'ultimo a dire che ci voleva un tuffatore di Delo per non affogarci dentro. (Diogene Laerzio, *Vite dei filosofi*, IX 12.)

[3] Quello che uno scrive deve essere di facile lettura e ciò si ottiene facendo ricorso a molte congiunzioni. (...) Se ne ha un esempio in Eraclito dove, per mancanza di punteggiatura, è impossibile capire se una parola va unita con ciò che segue o con ciò che precede. (Aristotele, *Retorica*, 1407 b 11.)

Il più bello dei mondi è un mucchio
di rifiuti gettati giù dal caso.

M. C. Escher, *Ordine e Caos*.

capisce se sia il Discorso a essere *sempre*, o se siano gli uomini a essere *sempre* non intelligenti.»

Più o meno, le stesse critiche che poi gli rivolse l'aristotelico Demetrio.

«La chiarezza di un testo dipende dalla semplicità dei termini e dalla giusta collocazione delle congiunzioni. Se queste mancano, come accade in Eraclito, il testo diventa subito incomprensibile.»[4]

In compenso, l'*Antologia Palatina* ci consiglia:

> Non srotolare in fretta, fino alla verga, il libro di Eraclito di Efeso. Assai difficile da percorrere è il suo cammino. In esso troverai oscurità e notte fonda. Se un iniziato, però, ti condurrà per mano, diventerà per te più luminoso di un sole splendente. (*Antologia Palatina*, IX, 540.)

Cerchiamo ora di capire cosa abbia detto di così importante Eraclito da meritare un posto di rilievo nella storia della filosofia. Di quello che ho studiato a scuola non è che mi fidi molto, anche perché, all'epoca, dovendo portare all'esame di maturità tutte le materie degli ultimi tre anni, ebbi la leggerezza (o la fortuna) di prepararmi solo sui Bignami. Anzi, per ridurre ancora di più il quantitativo di nozioni da mandare a memoria, feci a mia volta una sintesi dei Bignami, per cui alla fine il povero Eraclito divenne «quello del fuoco» e il suo collega Talete «quello dell'acqua».

Un po' poco, in verità, se si pensa che furono due tra i più importanti esponenti del pensiero presocratico.

[4] La chiarezza dipende da più cose: dall'usare termini semplici e dalle congiunzioni. (...) Quando non vi sono legami, non si capisce dove un periodo ha inizio e dove ha fine, così come accade in Eraclito, reso oscuro dallo stile. (Demetrio, *De elocutione*, 192.)

Quel tanto, però, che bastava per spiccicare due parole davanti alla commissione d'esame.

L'impressione generale è che, con tutto il rispetto per il Fuoco, l'argomento preferito da Eraclito non sia stato tanto la ricerca dell'*archè* (dell'elemento primordiale dal quale tutto avrebbe avuto inizio) quanto il *panta rei*, cioè il Divenire, inteso come lotta continua tra gli opposti estremismi. La differenza tra le due tematiche sta nel fatto che, mentre nella prima è previsto un vincitore, per l'appunto il Fuoco, nella seconda si assiste a un match pari, dove ciascun concorrente non avrebbe neppure la convenienza a prevalere sull'altro, pena la sua stessa sopravvivenza. E io, tanto per prendere posizione, mi schiero fra coloro che vedono in Eraclito il filosofo del *panta rei*.

Nel 1613 un economista cosentino, tale Antonio Serra, con centocinquant'anni di anticipo su Adam Smith, scrisse un saggio intitolato *Breve trattato delle cause che possono arricchire un regno, anche quando non possiede miniere d'oro e d'argento*.[5] In esso il Serra sostiene che non è tanto importante, ai fini del benessere, la quantità d'oro che si trova nel sottosuolo, quanto la velocità con cui l'oro circola tra gli abitanti, ovvero l'alto numero di scambi commerciali. Più ne avvengono e più una comunità ha la possibilità di arricchirsi. Supponiamo, per esempio, che in questo Stato ci sia un solo cittadino, il signor Mario, e una sola moneta d'oro, e supponiamo che Mario la prometta a Carlo in cambio di un paio di scarpe. L'oro passerà dalle mani di Mario a quelle di Carlo e, successivamente da quelle di Carlo a quelle di

[5] Antonio Serra, *Breve trattato delle cause che possono far abbondare li regni di oro e d'argento*, Napoli 1613. (Edizioni Procaccini.)

Antonio per un altro lavoro, poniamo una camicia su misura. La moneta sarà sempre la stessa, ma il prodotto interno lordo aumenterà a ogni passaggio.

Il concetto di «valore aggiunto», per l'epoca, era decisamente rivoluzionario. Non dimentichiamoci, infatti, che l'America era stata scoperta da poco, che non esisteva la cartamoneta e che qualsiasi bene (compreso l'uomo) veniva valutato in once d'oro. Ebbene, tutto a un tratto sbuca fuori questo economista sconosciuto (peraltro dal buio di una prigione napoletana dove era stato sbattuto per motivi politici) e pubblica un saggio dove si dimostra che non sono tanto importanti le miniere, quanto la circolazione dell'oro e dell'argento. Un ragionamento più o meno simile Eraclito ce lo propone per il Fuoco: non è tanto l'essere fuoco ad avere importanza, quanto la sua capacità di mutarsi in ogni altro elemento.[24F] Comunque, gira e rigira, sempre di Divenire si tratta.

Il fulcro della teoria eraclitea, dunque, è tutto in questo concetto: nell'universo, anche nella più piccola delle sue particelle, è in atto una lotta senza quartiere tra due forze contrastanti. Queste forze (chiamatele pure come volete: Eros ed Eris, Amore e Discordia, Vita e Morte, Ente e Non-Ente, Bene e Male, Cosmos e Caos) resteranno sempre nemiche, ed è a loro, e a nessun altro, che noi dobbiamo la nostra esistenza.

A ben guardare, la parola *cosa* non è solo l'anagramma di *caos,* ma anche di *caso,* giacché è il *caso* a far sì che il *caos* diventi *cosa,* per poi tornare di nuovo a essere *caos.*

Eraclito, a onor del vero, non parteggia né per il Bene, né per il Male, e se proprio dovesse scegliere si schiererebbe con l'Odio, dal momento che è l'Odio, e non l'Amore, a generare i contrasti. Per lui, Amore e Pace sono sinonimi di Morte.

La Natura non sta ferma un attimo: fluisce di continuo sotto la spinta dei contrasti. Non c'è al mondo oggetto, animato o inanimato che sia, che non subisca modifiche col passare del tempo. Anche quelle cose che a prima vista sembrano immobili, a un esame più attento si rivelano in movimento: una campana di ferro si arrugginisce, uno scoglio si corrode, un albero cresce, un corpo invecchia e così via. «*Panta rei*», tutto scorre. Ecco alcune massime al riguardo:

> «Negli stessi fiumi entriamo e non entriamo, siamo e non siamo.»[16F]

> «Io stesso muto nell'istante in cui dico che le cose mutano.»[6]

> «Da mortale vivo la mia morte, e da immortale assisto alla morte del mortale.»[4F]

> «Le cose fredde si riscaldano, quelle calde si raffreddano, quelle secche diventano umide e quelle umide diventano secche.»[11F]

Come a dire che tutto degenera, magari di un niente, di una cellula soltanto, ma degenera. Simbolo del Divenire è il Fuoco che è alla base di ogni scambio.

Eraclito, ovviamente, non sa nulla del secondo principio della Termodinamica e della bomba atomica, ciò nonostante ha intuito che all'interno della materia è nascosta tanta di quella energia da poter sconvolgere l'intero

[6] Seneca, *Epistole*, 6, 6, 23.

globo terracqueo. Il concetto di entropia, inteso come misura del disordine dovuto alla presenza di forze in opposizione, lo avrebbe entusiasmato.

Ed è appunto questo amore per il Divenire che lo nobilita ai nostri occhi. Talete, Anassimandro e Anassimene, diciamo le cose come stanno, erano solo dei fisici. Pur ritenendo la materia un'entità vivente, si sforzarono di cercare le cause naturali che stavano all'origine dei fenomeni. Eventi, fino a quel momento attribuiti al cattivo umore degli Dei (che so io: un acquazzone a Zeus, un'epidemia ad Apollo, un terremoto a Poseidone), trovarono in loro spiegazioni più razionali, tutto qui. Invece, il malinconico Eraclito,[7] come amava chiamarlo Teofrasto, ci offre uno stimolo in più per pensare, e compie un enorme salto di qualità rispetto ai predecessori. L'originalità del suo pensiero, infatti, sta nell'aver immaginato la guerra non più come una calamità apportatrice di lutti, ma come una necessità di vita, anzi come la vita stessa. «La più bella delle trame viene formata dagli opposti, e tutte le cose nascono secondo contesa.»[2F]

Incredibile a dirsi, ma più o meno nello stesso periodo, secolo più secolo meno, si andarono diffondendo tesi analoghe anche in Iran e in estremo Oriente. Prime fra tutte quelle di Zarathustra, secondo le quali l'universo altro non sarebbe che il risultato logico di un gigantesco conflitto avvenuto all'inizio dei tempi tra le truppe del Bene e quelle del Male. Un centinaio di anni dopo, in Cina, il taoismo di Lao-Tze e Chuang-Tze interpretò i mutamenti naturali come le conseguenze di

[7] Diogene Laerzio, *Vite dei filosofi*, IX 6.

una guerra quotidiana tra due forze equivalenti, chiamate *yin* e *yang*.

Se Zarathustra schierava l'uomo tra le forze del Bene e la donna tra quelle del Male, il taoismo pone uomo e donna sullo stesso piano: considera *yang* tutto ciò che è dominante, quindi la mascolinità, il sole, il fuoco, lo splendore, la durezza, il caldo e l'intraprendenza, e *yin* tutto quello che è cedevole, ovvero la femminilità, la luna, l'acqua, l'opacità, la morbidezza, il freddo e la timidezza.

Alcune massime di Lao-Tze e di Eraclito sembrano partorite dalla stessa mente, eppure è da escludere che i due si siano mai incontrati, o che abbiano avuto modo di scopiazzarsi a vicenda.

> Lao-Tze: «Intanto possiamo dire che una cosa è bella, in quanto abbiamo l'idea di cosa sia una cosa brutta, e lo stesso dicasi per il bene e per il male». (*Tao-te-ching,* II.)
>
> Eraclito: «Non è forse la malattia che rende buona la salute? Non è forse la fame che gratifica la sazietà? Non è forse il travaglio che rende desiderabile il riposo?».[9F]
>
> Lao-Tze: «Ciò che è tortuoso diventa diritto, ciò che è vuoto diventa pieno, ciò che è consumato diventa nuovo». (*Tao-te-ching,* XXXVI.)
>
> Eraclito: «La strada in su e in giù è una sola, ed è sempre la stessa».[15F]

Cosa sarebbe il mondo, si chiede Eraclito, se non ci fosse la lotta? Un orrendo, silenzioso, e noiosissimo deserto di morte. Molti altri, in seguito, hanno detto qualcosa di simile. «La vita è movimento» diceva Montai-

La strada in su e in giù è una sola, ed è sempre la stessa.

M.C. Escher, *Relatività.*

gne.[8] «Il riposo è morte» gli faceva eco Pascal.[9] Guai, quindi, se uno dei due contendenti prendesse il sopravvento: la sua vittoria coinciderebbe con la sua sconfitta.

Fosse stato vivo negli anni Ottanta, Eraclito avrebbe consigliato i dirigenti democristiani a non indebolire mai il peso politico dei comunisti. A ben guardare, infatti, è stato il crollo del Muro di Berlino, e non certo Tangentopoli, a farli uscire dalla scena politica. Lo stesso dicasi dell'erotismo che è stato disinnescato dalla permissività dei costumi.

Per concludere, due termini greci debbono guidarci nello studio di Eraclito: *Cosmos* che vuol dire ordine, e *Caos* che vuol dire disordine. L'uno trae origine dall'altro e viceversa. La vita dell'universo è quel breve lasso di tempo che passa tra due *Caos* consecutivi. La contesa nasconde una razionalità che Eraclito ama definire *Logos*; e qui andiamo nel difficile, giacché il *Logos* è un concetto suscettibile delle più svariate interpretazioni. Originariamente voleva dire solo «radunare» o «mettere insieme». Poi, una volta scoperto dai filosofi, ha assunto i significati più vari, diventando via via il Discorso, la Verità, la Ragione, l'Essere, la Realtà, il Verbo e, perché no, perfino Dio.

La mia convinzione è che Eraclito concepiva il *Logos* come un arbitro di calcio, o, se preferite, come una legge superiore capace di regolare la lotta fra gli opposti, senza per questo mai attribuirgli una natura divina. In altre parole, il *Logos* è un atomo privo di nucleo, al cui interno girano vorticosamente soltanto un elettrone e un po-

[8] Montaigne, *Saggi*, III 13.
[9] Pascal, *Pensieri*, 350.

sitrone con cariche elettriche opposte. La maggioranza degli uomini invece, a sentire Eraclito, lo ignora: non lo riconosce nemmeno se lo incontra per strada, e si lascia guidare dall'emotività. Si comporta insomma, pur essendo desta, come se stesse dormendo, o come se il *Logos* fosse solo un sogno.[83F]

Per gli stoici, e in particolare per tutti quelli che hanno voluto dare al pensiero di Eraclito un viraggio etico o religioso, il *Logos* rappresenta la volontà del Creatore, una specie di «lieto fine» con cui compensare le innumerevoli sofferenze della vita. Tesi, questa, indifendibile se si pensa che tutti i filosofi presocratici, senza eccezione alcuna, non hanno mai immaginato una entità trascendente, o quanto meno un'essenza priva di materia. Anassimandro, tanto per citarne uno, con il suo famoso *àpeiron*, non parlava mai di elemento immateriale (come l'anima), bensì di materia infinitamente sottile. E perfino Pitagora concepiva i suoi numeri come tanti pezzettini di materia aventi ciascuno uno spessore.

L'oscurità di Eraclito ha avuto in questa varietà d'interpretazioni la sua brava parte di responsabilità. Ognuno, come dire, ha «tirato il fuoco al suo mulino». Consiglio quindi gli studenti di filosofia di citarlo sempre, a proposito e a sproposito, qualunque sia la tesi che stanno discutendo: faranno bella figura e rischieranno pochissimo. Hegel, Hobbes, Spencer, Bergson, Heidegger, Nietzsche (soprattutto Nietzsche) possono essere in ogni tesi accostati a Eraclito, dal momento che lui, l'Oscuro, ha sempre detto tutto e il contrario di tutto.

Anche Eraclito ebbe i suoi bravi discepoli che, come spesso accade, cercarono di essere più eraclitei del maestro; se infatti lui aveva detto che non era possibile bagnarsi due volte nello stesso fiume, il suo allievo preferito, Cratilo, sostenne che non lo si poteva fare nemmeno una volta. Per quanto riguarda, poi, l'inutilità del comunicare, Cratilo aveva l'abitudine di osservare il più assoluto silenzio ogniqualvolta veniva interrogato: se era d'accordo si limitava a muovere un dito (il mignolo, ovviamente), se non lo era, restava immobile, muto, con lo sguardo fisso nel vuoto, e nulla al mondo, nemmeno un terremoto, avrebbe potuto fargli mutare espressione.[10]

[10] «Cratilo riteneva che non si dovesse dar nome alle cose, limitandosi a indicarle con un dito, e rimproverava Eraclito per aver detto che non è possibile entrare due volte nello stesso fiume. In realtà, sostiene Cratilo, non è possibile entrarci neppur una volta.» (Aristotele, *Metafisica*, 1010 a 7.)

VI
Logos

Porto Eraclito ad Amalfi. Per convincerlo a entrare in macchina faccio una fatica della madonna.

«Io» s'impunta «lì dentro non ci metto piede!»

Inutilmente gli parlo della velocità come massima espressione del Divenire, o «del fulmine come timone dell'Universo»:[27F] lui continua a recalcitrare. Poi mi viene in mente di paragonare il motore dell'auto al «Fuoco che si accende e si spegne secondo misura»[1] e allora, finalmente, s'incuriosisce. Mi chiede come può un carro senza cavallo muoversi così rapidamente, e io gli spiego il funzionamento del motore a scoppio. L'idea di una cosa liquida (la benzina) che in certe condizioni si muta prima in Fuoco e poi in Divenire lo rende euforico. La vuole provare subito. Quando però si accorge che le altre auto ci sfiorano a tutta velocità, e perdipiù in senso contrario, impallidisce.

«I nati vogliono vivere e incontrare destini di morte»[19F] mormora terrorizzato e si copre il viso con un lembo della tunica.

[1] Secondo Eraclito, Dio è il Fuoco ciclico ed eterno, che si accende e si spegne secondo misura, e il Fato è il Logos, ovvero l'artefice del moto degli opposti. (Aezio, *Doxa*, I 7, 22.)

L'unico modo per distrarlo è mostrargli il panorama, sempre più suggestivo, che cambia a ogni tornante.

«La strada dei pittori» esclama estasiato «è dritta e sinuosa.»[13F]

«Hai cambiato idea, quindi, sul panorama?»

«Cambiare idea, non solo è lecito, ma necessario.»

Quando poi, poco prima di Amalfi, a causa di un ingorgo, forse di un tamponamento avvenuto qualche chilometro prima, finiamo in una colonna d'auto che procedono a passo d'uomo, si lascia prendere dallo sconforto.

«Tutto ciò che striscia sulla terra è sospinto al pascolo dalle sferzate del Dio!»[71F] mormora disperato. E io, per un attimo, ho avuto l'impressione di vedere in cielo il Dio del Traffico che, con una chilometrica frusta tra le mani, sferzava tutti gli automobilisti d'Italia.

Andiamo da «Gemma», una trattoria situata sul corso principale di Amalfi. Un terrazzino circondato da piante di gerani. Al centro di ogni tavolo un boccale di vetro con all'interno una candela. Come clienti, siamo i primi.

Franco, il figlio della titolare, chiede a Eraclito cosa vuole da mangiare.

«Vorrei un brodetto nero di Sparta,» risponde lui «due rotelle di *maza* ben abbrustolite e per finire una *sampsa*.[2]»

Il giovanotto lo guarda stupito: per lui, quello è un pazzo che va in giro con un lenzuolo addosso. Lo informo subito che il signore è straniero e che non conosce le

[2] La sampsa era una tortina di pasta di olive fresche, verdi o nere, con aggiunta di semi di cumino, anice e finocchio. La maza, invece, era un impasto di farina d'orzo e acqua, e faceva le veci del pane. (Nico Valerio, *La tavola degli antichi*, Mondadori.)

La strada dei pittori è dritta e sinuosa.

M.C. Escher, *Galleria di stampe.*
(© 1989 Cordon Art, Baarn, Olanda.)

nostre specialità. A Eraclito poi, a parte, spiego che il pane e la pasta non si fanno più con l'orzo, ma col grano. Non ha senso, quindi, chiedere *sampsa, maza* o altre piadine del genere. Per quanto riguarda, invece, il brodetto nero di Sparta, non ho la minima idea di cosa possa essere. Glielo chiedo e lui, sospirando per la nostalgia, me lo spiega.

«È un minestrone di carne di maiale, lardo, aceto, pinoli, cipolla, sedano e timo, tutti cotti nell'aceto. Mia madre ci metteva pure le carote.»

Lardo, cipolla e pinoli tutti insieme! E poi nell'aceto! Non ne riesco a immaginare il sapore. Senza starci troppo a pensare, ordino due spaghetti al pomodoro.

«Dovrebbero andar bene,» penso «ai Greci sono sempre piaciuti i carboidrati.»

A Eraclito, invece, quando Franco glieli scodella davanti, non piacciono affatto. Prima li guarda dubbioso, poi li annusa e infine li allontana da sé: è convinto che il pomodoro sia sangue coagulato. A forza d'insistere, però, lo convinco a provarli. All'inizio s'incasina un po' con la forchetta, poi se li divora tutti, fino all'ultimo filo di pasta.

«Buono» esclama, e si versa dell'acqua.

«Vuoi una birra?»

«Una birra? Mi hai forse preso per un egiziano?»

«Perché: voi non bevete birra?»

«Noi Greci mai! Solo un egiziano beve birra. Noi beviamo acqua o vino, e quando si è poveri, più acqua che vino.»

«Posso farti un'intervista?» gli chiedo.

«Che cos'è un'intervista?»

«Una serie di domande a cui, volendo, puoi rispondere o non rispondere.»

«E se rispondo, tu poi capisci?»

«Beh, lo spero.»
«Non ne sono sicuro, ma proviamo.»

D. «Come puoi mettere sullo stesso piano, fino a considerarle uguali, la vita e la morte?»

E. «Sono cose che, pur discordandosi, si accordano, come già accade nell'arco e nella lira.»[12F]

D. «Cosa c'entrano adesso l'arco e la lira?»

E. «Dell'arco il nome è vita,[3] ma la sua opera è morte. Quando lo tendi lo fai vivere, quando lo lasci andare semini morte. Così pure nella lira dove l'acuto e il grave generano armonie.»

D. «D'accordo, ma anche se connesse, vita e morte non sono uguali... o, quanto meno, non sono uguali in tutto. Alla vita, ad esempio, segue la morte. Non è altrettanto vero il contrario: alla morte non segue la vita.»

E. «Sapevo che, pur avendomi udito, non avresti capito! Tu somigli a un sordo: per te vale il detto "I presenti sono assenti".»[53F]

D. «Va be', sarò assente, tu però, adesso, dimostrami come dalla morte può derivare la vita!»

E. «Agli uomini, una volta morti, accadranno cose che essi stessi non sperano e che nemmeno riescono a immaginare.»[112F]

D. «Dopo accadrà quel che dovrà accadere; nel frattempo, però, spero che tu riesca a distinguere il vivo dal morto. Tanto per fare un esempio: un familiare vivo da un familiare morto.»

E. «Dentro di noi sono sempre presenti il vivo e il morto, il giovane e il vecchio, lo sveglio e il dormiente, giac-

[3] *Bios* in greco vuol dire *vita* e *arco*. Solo la pronunzia differisce: per vita è *bìos*, e per arco è *biòs*.

Morte è quello che vediamo da svegli.
Sonno è quello che vediamo dormendo.

M.C. Escher, *Sogno*.

ché queste cose, una volta rovesciate, diventano quelle, e quelle, una volta rovesciate, diventano queste.»[108F]

D. «Dimmi la verità, Eraclito, hai mai visto quel film di Kubrick intitolato *2001 Odissea nello spazio*? Ti ricordi il finale? Quello dove l'astronauta vede se stesso, prima neonato e poi vecchio?»

E. «Il film di Kubrick? Che cos'è un film?»

D. «Va be', lasciamo perdere. Io credo che tu ti diverta a fare giochi di parole. Ma, se è per farti divertire, ti pongo un'altra domanda: cosa pensi del sonno? Non ti sembra che sia una specie di prova generale della morte?»

E. «Niente affatto: morte è quello che vediamo da svegli. Sonno, invece, è quello che vediamo dormendo.»[109F]

D. «Secondo te, allora, la vera vita sarebbe quella che sogniamo, non quella che viviamo?»

E. «Proprio così: i desti hanno un mondo unico e comune dove sono costretti a vivere, mentre quelli che dormono sono liberi di scegliersi un mondo personale.»[115F]

D. «Beh, anche i desti hanno una visione personale della vita. Questo non puoi proprio negarlo. O pensi che, per colpa dei mass-media, siano a tal punto un gregge da far coincidere il loro mondo a quello degli altri, qualunque esso sia?»

E. «Non so cosa siano i mass-media, ma ogni sera l'uomo, spenti gli occhi, si accende un lume, e così facendo, da vivo si aggrappa al morto, e da desto si aggrappa al dormiente.»[110F]

D. «Da noi l'uomo, ogni sera, accende un televisore...»

E. «...e diventa un morto che crede di essere vivo. D'altra parte, mettiamoci nei suoi panni: per dare un significato alla vita, è costretto a inventarsi una nuova esistenza, e più diversa sarà questa seconda esistenza, più gli sembrerà di esistere.»

D. «Anche se è spettatore di una tragedia?»

E. «Più alti sono i destini di morte che vede come spettatore, e più alti saranno i sogni che vivrà come vivente.»111F

D. «Vuoi dire che è la morte eroica a fare l'eroe?»

E. «E, viceversa, che è l'eroe a fare eroica la morte. Gli Dei e gli uomini onorano sempre coloro che vengono trucidati da Ares.»50F

D. «Insomma, se ho ben capito, tu pensi che ci sia sempre un qualcosa che collega gli estremi tra loro, quindi anche il primo vagito e l'ultimo respiro. Allora ti chiedo: non potrebbe essere l'anima il punto di contatto tra la vita e la morte?»

E. «Lo è senz'altro, anche perché l'anima, essendo sconfinata, le tocca entrambe.»

D. «Nel senso che è presente sia nel vivo che nel morto?»

E. «Per quante strade tu possa percorrere, non potrai mai trovare i confini dell'anima, tanto è profonda la sua espressione.»105F

D. «Beh, vedo che, se non proprio in Dio, credi almeno nell'immortalità dell'anima.»

E. «Non ho detto questo: anche le anime, prima o poi, finiscono con l'annusare i profumi dell'Ade.»113F

D. «Nel senso che muoiono?»

E. «No, nel senso che si avvicinano alla soglia estrema. L'anima muore solo se si riempie di acqua.100F Quando evapora, invece, accresce se stessa,128F e, in quest'ultimo caso, più ha sete e più è saggia. Se poi diventa del tutto secca, eccelle sulle altre.» 103F

D. «Come spieghi allora che molte anime preferiscono i piaceri dei sensi a quelli dello spirito?»

E. «Per le anime godere vuol dire diventare umide e in ultima analisi morire.101F La morte si accoda al piacere come inevitabile conseguenza di un allagamento.»

Non potrai mai trovare i confini dell'anima,
tanto è profonda la sua espressione.

M.C. Escher, *Divisione spaziale cubica.*

D. «Fammi un esempio di anima umida.»

E. «Quella dell'ubriaco. L'uomo ebbro barcolla e non si rende conto in quale direzione muova il passo. A quel punto, anche un fanciullo imberbe è in grado di condurlo per mano.»[102F]

D. «Cosa dovrebbe fare l'uomo per non farsi inumidire l'anima?»

E. «È difficile dirlo perché è difficile resistere alle tentazioni. Quando la passione chiama, l'uomo, pur di soddisfare i suoi bassi istinti, è disposto a scendere a qualsiasi compromesso, anche a pagare in termini di anima.»[121F]

D. «Solo se non si è saggi, ovviamente. Ma quanti sono i saggi e quanti gli ignoranti? Intendo dire numericamente. O, se preferisci, quante sono le anime secche e quante le umide?»

E. «I più preferiscono ingozzarsi come bestie di armento.[74F] A loro sfugge la Verità. Si comportano come quei dormienti che, pur sognando, dimenticano i sogni che hanno appena fatto, [80F] e non si accorgono del *Logos*, né prima né dopo averlo incontrato.»

D. «Il *Logos*? Che cos'è il *Logos*?»

E. «Il *Logos* è il Fuoco dotato di pensiero[4] al quale tutti dovrebbero ubbidire. Purtroppo, però, quasi nessuno è in grado di riconoscerlo, anche quando si è avuto la fortuna di apprenderlo.»[52F]

D. «Oddio, mi sto perdendo! Non potresti spiegarmi in parole più semplici che cos'è il *Logos*?»

E. «Ogni domanda prevede non una ma due risposte, sempre in lotta fra loro. Se ti lasci dominare dalla passio-

[4] Eraclito di Efeso, filosofo della natura, sostenne che la discordia e l'amicizia sono il principio di tutte le cose, e che Dio è fuoco dotato di pensiero. (Ippolito, *Confutazione di tutte le eresie*, 9, 6.)

ne finisci col trascurarne una a danno dell'altra, se invece ricorri al *Logos*, alla ragione, ti accorgi che entrambe hanno un motivo d'essere e che la risposta è mobile.»

D. «E allora che bisogna fare?»

E. «Bisogna seguire ciò che si concatena[83F] e rendersi conto che tutte le cose sono una cosa sola.[82F] Così come la saggezza che, per governare le cose, passa proprio attraverso le cose.[84F]»

D. «Va be', ci rinunzio.»

E. «Ci rinunzi perché ti ostini a usare i sensi invece del *Logos*. Due sono gli strumenti che hai per raggiungere la verità, e tu hai scelto il peggiore.»

D. «Ma se non ho la minima idea di che cosa sia il *Logos*, come faccio a usarlo?»

E. «Non devi fare alcuno sforzo: il *Logos* è già dentro di te. È entrato un giorno nella tua anima attraverso il respiro e da quel dì si affaccia ai pori della pelle.»

D. «Ai pori della pelle...?»

E. «Sì, come se i pori fossero un balcone che sporge al centro dell'universo. Il *Logos* ogni giorno vi si affaccia e giudica, a volte ampliando e a volte riducendo.»

D. «Questo fatto dell'ampliarsi e del ridursi del *Logos* non mi è molto chiaro.»

E. «Seguimi e capirai: come capita ai carboni che si accendono o si spengono, a seconda che la fiamma li lambisca o meno, così il nostro corpo diventa o non diventa parte del Tutto, a seconda che venga o non venga a contatto col Fuoco.»[5]

[5] Questo Discorso, a detta di Eraclito, penetra in noi attraverso il respiro, e da esso noi prendiamo la facoltà di pensare. Mentre quando dormiamo siamo immersi nel Lete e perdiamo la continuità con la natura. Al risveglio, invece, affacciandoci ai pori come a delle finestre, riprendiamo il contatto con il mondo esterno e riacquistiamo la facoltà del Discorso. (Sesto Empirico, *Adversus mathematicos*, VII, 126 sgg.)

Come se i pori fossero un balcone
che sporge al centro dell'universo.

M.C. Escher, *Il balcone*.
(© 1989 Cordon Art, Baarn, Olanda.)

D. «D'accordo, ma dal momento che io, allo stato in cui mi trovo, sono costretto ad avvalermi dei sensi, dimmi almeno quale dei cinque è quello di cui più mi posso fidare?»

E. «Tra i sensi, i più veritieri sono gli occhi,[87F] sempre però che si tratti di occhi di un uomo dotato di discernimento. Ai barbari, invece, occhi e orecchie non dicono nulla, giacché l'errore, più che dai sensi, dipende dall'anima, e quando l'anima è stupida, perché già intrisa d'acqua...»[88F]

D. «Ci sono cose, però, che si possono conoscere solo attraverso i sensi: il sesso, per esempio...»

E. «...lo si può conoscere anche con l'immaginazione. I più raffinati ricorrono alla fantasia, i più modesti si accontentano del tatto. Lo stesso dicasi degli odori. Se le cose fossero di fumo, basterebbero le narici per distinguerle le une dalle altre.»[86F]

D. «Tu quindi sconsigli l'uso dei sensi?»

E. «Affidarsi ai sensi è come pretendere di vedere la natura non direttamente, ma attraverso uno specchio d'acqua.»

D. «Gli Dei non si vedono, eppure tutti ne hanno un'opinione, come te lo spieghi?»

E. «Ci sono cose che esistono anche se non è possibile comprovarle con i sensi. Il cielo, per esempio, esiste, eppure, finora, nessuno è riuscito a toccarlo con le mani. Per alcuni esso è eterno e incorruttibile e per altri, invece, è generato e degradabile. Per altri, infine, a volte si corrompe e a volte si rigenera.»[129F]

D. «Ma se è stato generato, ci sarà pur Qualcuno che lo avrà fatto. E se è stato un Dio, dove pensi che si trovi questo Dio adesso?»

E. «A detta dei sacerdoti, è in ogni luogo, ma io, a essere sincero, non me ne curo affatto, o, quanto meno, non ne sento il bisogno. Lui sa già tutto di me, né io potrei celargli i miei pensieri dal momento che è impossibile nascondersi a qualcosa che non tramonta mai.»[44F]

D. «Allora credi in Dio?»

E. «Anche in più di uno: l'uomo, paragonato alla divinità, è come la più bella delle scimmie posta accanto a un uomo,[43F] e così pure dicasi della sua intelligenza: confrontata a quella del Dio, non è più grande del cervello di un infante.[42F] Malgrado questi limiti, però, un bel giorno il Fuoco, con un balzo improvviso, sentenzierà su tutte le cose, sugli uomini e sugli Dei, e piomberà loro addosso, divorandoli.»[26F]

D. «Quello che non mi va in te, o grande Eraclito, è che non scherzi mai. Tutte queste cose le hai dette sempre con la massima serietà. Allora io mi chiedo: perché non prendi mai le cose con leggerezza, perché non scherzi mai?»

E. «Perché non giova far ridere di sé, come a volte fa Democrito, e come, purtroppo, anche tu fai spesso.»

Proprio in quel momento, Franco mi porta il conto.

«Che cos'è?» chiede Eraclito.

«È il conto,» rispondo io «quello che dobbiamo pagare per aver mangiato.»

Al che lui prende il fogliettino e lo accosta alla candela.

«Tutto viene mutato in fuoco» esclama, mentre il conto brucia.

Affidarsi ai sensi è come pretendere di vedere la natura non direttamente, ma attraverso uno specchio d'acqua.

M.C. Escher, *Superficie increspata*.
(© 1989 Cordon Art, Baarn, Olanda.)

VII
Polis

Finito di mangiare, andiamo a fare due passi in paese. Eraclito si ferma di continuo: le vetrine illuminate, le insegne al neon, il vigile col fischietto, una bicicletta, una radio accesa, tutto desta in lui curiosità. Vede un semaforo all'imbocco di piazza Duomo e ne resta affascinato. Il verde non gli piace, il giallo nemmeno. Il rosso, invece, lo riempie di gioia. Vorrebbe non muoversi più.

«Fa pensare!» mi dice, e sono costretto a trascinarlo via con la forza.

Il fatto che indossi una tunica lunga fino ai piedi non meraviglia nessuno: Amalfi è a due passi da Positano e «quelli di Positano», si sa, in quanto ad abbigliamento estivo, sono capaci di tutto, anche di uscire in camicia da notte. Come a Capri del resto.

Domenica scorsa, ad Amalfi, ci sono state le elezioni amministrative. Sulle mura delle case si vedono ancora i manifesti elettorali. FORZA ITALIA, AVANTI COL PROGRESSO, bandiere tricolori, scritte cubitali, ritratti sorridenti di politici. Eraclito li guarda e non capisce. Gli parlo allora del nostro meccanismo elettorale. Scendo nei particolari e gli spiego il proporzionale e il maggioritario.

D. «A te quale sembra il più giusto?»

E. «La domanda è mal posta: non è il più giusto che dobbiamo cercare, ma il più utile.»

D. «Va bene: allora, qual è il più utile?»

E. «Di sicuro il maggioritario, perché è quello che favorisce gli opposti.»

D. «Non sono d'accordo: ho un debole per le minoranze e il maggioritario me le cancella. Ma, a parte la teoria degli opposti, perché ritieni che il maggioritario sia più utile del proporzionale?»

E. «Perché è più facile da gestire, in quanto più adatto a un popolo ignorante.»

D. «E il popolo italiano com'è?»

E. «È ignorante.»

D. «Grazie.»

E. «Prego.»

D. «Col tempo, però, non pensi che il popolo potrebbe migliorare? Che potrebbe votare con maggiore coscienza di causa?»

E. «L'importante è che ci sia sempre il *Logos* a fare da arbitro.»

D. «Ahi, ahi: ci risiamo col *Logos*!»

E. «Mi spiego meglio: il *Logos*, in una campagna elettorale, in quanto Fuoco dotato di pensiero, rappresenta la razionalità. Sua nemica è la passione. Ognuno è demone a se stesso.[119F] Tanto più alta è la passione in una *Polis*, tanto maggiore è il pericolo cui vanno incontro i suoi abitanti. Ricordiamoci del motto: "L'eccesso è da temere più dell'incendio".[72F] Ebbene, quando la passione supera i limiti consentiti, è il *Logos* a fare da moderatore: accende e spegne le parti in causa a seconda del bisogno.[1] A propo-

[1] Si accende e si spegne con misura. (Simplicio, *In de caelo*, 294, 4.)

sito, come si chiamano gli opposti che si fronteggiano nella tua *Polis*?»

D. «Si chiamano Destra e Sinistra, o, se preferisci, Polo delle Libertà e Polo Progressista. Tra loro, però, per offendersi, sono soliti chiamarsi "fascisti" e "comunisti", e questo, credo, per terrorismo elettorale.»

E. «Spiegami cosa vogliono dire "fascista" e "comunista".»

D. «Beh, non è molto semplice: anche perché esistono due modi per farlo, uno strumentale e uno storico.»

E. «E tu provaci!»

D. «Comincio con le definizioni strumentali: il fascista è un prevaricatore, uno che non ti lascia mai dire la tua. Apparentemente desidera l'ordine, nella sostanza mira alla tirannide. Il comunista, invece, è un sovvertitore: a parole vorrebbe l'eguaglianza, nei fatti desidera espropriare chi, in quel momento, ha più soldi di lui.»

E. «Ho capito: il primo è un prepotente, il secondo un invidioso.»

D. «Entrambi, comunque, hanno una storia alle spalle. Il fascismo fu inventato dal cavaliere Benito Mussolini, un dittatore italiano morto nel '45. Il comunismo, invece, ha avuto come massimo esponente un dittatore russo chiamato Stalin, morto quarant'anni fa.»

E. «I cadaveri sono da gettar via ancor più dello sterco.» [123F]

D. «In ogni caso, chi per paura del primo, chi per paura del secondo, ognuno si schiera da una parte precisa.»

E. «E questo è il pericolo: lo scegliere non più secondo ragione, ma secondo passione, o, peggio ancora, secondo odio. In questo tipo di *Polis*, infatti, i cittadini si lasciano guidare più dalle viscere che dalla ragione, e allora accade che Libertà e Progresso cessano di essere dei modelli economici e diventano bandiere prive di significato.»

D. «Con il *Logos* invece?»

E. «Destra e Sinistra diventerebbero semplicemente destra e sinistra: le stesse di prima, cioè, ma scritte con la *d* e la *s* minuscola.»

D. «Quindi non susciterebbero emozioni?»

E. «Proprio così, e rappresenterebbero, rispettivamente, l'Egoismo e la Solidarietà applicati all'economia. Il primo, figlio di Eris, e la seconda, figlia di Eros.»

D. «Spiegati meglio.»

E. «L'Egoismo un giorno inventò il Mercato, ovvero un meccanismo spietato nel quale l'uomo, per raggiungere la vetta, è costretto a salire sulle spalle degli altri. Chi vuol sopravvivere in questo tipo di società deve aguzzare l'ingegno e non avere scrupoli. Così facendo, diventerà ricco e, senza volerlo, finirà col far diventare ricca anche la *Polis*. Pazienza se nella lotta cadranno i più deboli: il Mercato non è fatto per loro. Che si arrangino altrove!»

D. «E questa sarebbe la Destra. Detta così, non mi sembra un gran cosa!»

E. «E difatti non lo è. Dal polo opposto, però, si affaccia Eros, il Dio dell'Amore e della Solidarietà. Eros assiste i deboli e fa in modo che tutti abbiano il necessario per vivere. Sarà lo Stato, come una grande Mamma, a garantire uno stipendio in ogni famiglia. In un mondo siffatto l'uomo comune, in assenza d'incentivi, si adagia, diventa un parassita, e fa diventare povera anche la *Polis*.»

D. «Oddio, nemmeno la Sinistra mi sembra che ne esca bene. A sentire te, nessuno dei due modelli risolve i problemi di una comunità.»

E. «Tutti e due insieme sì, però, sempre che siano opportunamente sorretti dal *Logos*. Sarà il *Logos*, infatti,

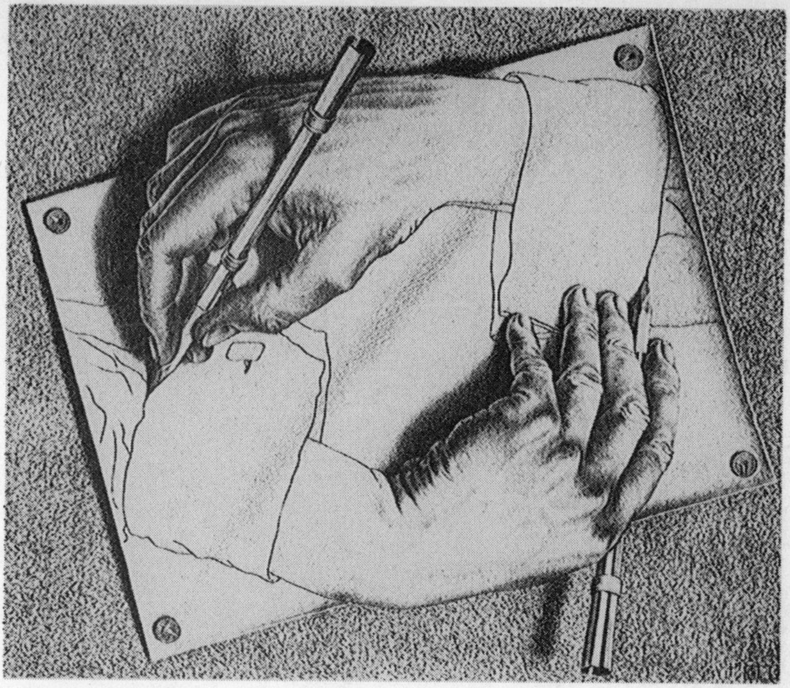

La sinistra crea la destra nel medesimo
tempo in cui la destra crea la sinistra.

M.C. Escher, *Mani che disegnano*.
(© 1989 Cordon Art, Baarn, Olanda.)

ora moderando la Destra, ora incentivando la Sinistra, ad aggiustare il tiro.»

D. «A questo punto è d'obbligo una domanda: Eraclito è di Destra o di Sinistra?»

E. «Parlo, parlo, e tu non mi senti. Continui a essere qui e altrove.[53F] Il tuo problema, giovane amico, è quello di catalogarmi, e nella tua rozzezza non possiedi altri elementi di giudizio per orientarti, se non la suddivisione del mondo in Destra e Sinistra.»

D. «Ma perché: cosa ho detto di male?»

E. «Beh, se mi chiedi a quale partito io appartenga, vuol dire che non hai capito nulla di quello che ti ho detto. Appartenere a un partito equivale ad avere una fede, e io ho solo fede nel fatto di non avere una fede. La mia risposta, quindi, non può essere che questa: sono di Destra e di Sinistra contemporaneamente, giacché la Destra non esisterebbe senza la Sinistra e la Sinistra non avrebbe ragione d'essere senza la Destra. Così come le vedo io, la Sinistra crea la Destra nel medesimo tempo in cui la Destra crea la Sinistra, ma per ottenere la vera armonia è necessario che ci siano entrambe.[5F]»

D. «Ho capito: è come quando ci si fa la doccia.»

E. «Che cos'è la doccia?»

D. «È un dispositivo idraulico per lavarsi: ha due manopole, una per l'acqua calda e una per l'acqua fredda. Manovrando, ora l'una ora l'altra, è possibile ottenere la giusta temperatura. Il problema piuttosto è un altro: chi deve manovrare le manopole?»

E. «Il Manovratore.»

D. «E non vorresti essere tu il Manovratore?»

E. «Io non sono il *Logos*, e poi non ho stima dei politici. Li considero esseri inferiori: troppo sensibili alle lusinghe del Potere, del mordi e fuggi, del prendi adesso che domani è già tardi. Quale differenza con i filosofi, che hanno scelto di riferirsi alla morte!»

D. «Ma che cos'è il Potere?»

E. «È uno di quei desideri, per il quale l'uomo è disposto a tutto, anche a pagare con l'anima.[121F] Quand'ero giovane, sono stato oplita, ho combattuto contro i Persiani. Ricordo che nella nostra falange c'era un certo Erasto che provava un vero e proprio godimento nel maltrattare i propri sottoposti. Non era un generale (comandava sì e no cinque uomini), eppure li faceva vivere in un clima di continuo terrore...»

D. «...noi uno così lo chiamiamo "caporale".»

E. «Ebbene, sai che ti dico? Che nella vita, o si è uomini o si è caporali!»

D. «Questo lo diceva anche Totò.»

E. «Un altro filosofo?»

D. «Beh, sì, in un certo senso...»

E. «Insomma, come esiste una libidine del sesso, così esiste una libidine del Potere, solo che quest'ultima è di gran lunga più forte. Ad Atene, molti anni fa, Solone, proprio per evitare che la voglia del Potere potesse impadronirsi dei politici, al posto delle elezioni introdusse il sorteggio. L'idea, a mio avviso, era giusta: che anche gli Dei si prendano le loro responsabilità nella scelta degli arconti!»

D. «Raccontami di Solone: come organizzò la Costituzione degli Ateniesi?»

E. «Divise i cittadini, in base al censo, in quattro classi distinte: i pentacosiomedimni, i cavalieri, gli zeugiti e i teti. Come a dire i ricchi, i quasi-ricchi, i quasi-poveri e i poveri.[2] Ciascuna tribù era tenuta a proporre dieci nominativi, ed era tra questi ultimi che avveniva il sorteggio.»

[2] Aristotele, *La Costituzione degli Ateniesi*, VII 3.

D. «In che modo?»

E. «Si scrivevano i nomi dei candidati sulle fave e si facevano estrarre da un fanciullo bendato i nove uomini che avrebbero dovuto governare la *Polis*.»

D. «E come andò a finire?»

E. «A essere sinceri, non benissimo: Solone, una volta consegnata la Costituzione, se ne andò in Egitto, e gli Ateniesi più ricchi ne approfittarono per cambiarla a proprio uso e consumo. I poveri furono subito estromessi dai sorteggi e le altre classi crearono tre gruppi di Potere...»

D. «Come dire, Destra, Centro e Sinistra?»

E. «Proprio così. La Destra era comandata da un certo Licurgo, un politico molto potente che aveva dalla sua gli uomini più facoltosi di Atene. Il Centro, invece, scelse come capo Megacle, e la Sinistra, cioè il partito dei quasi-poveri, Pisistrato.»

D. «Quindi alla fine comandò Licurgo?»

E. «No, perché nel frattempo Pisistrato si sposò con la figlia di Megacle e, una volta diventati parenti, i due si allearono e fecero fuori Licurgo.»

D. «Se lo sapevano, Occhetto e Martinazzoli facevano altrettanto.»

E. «Chi sono Occhetto e Martinazzoli?»

D. «Erano i capi, in Italia, delle tribù del Centro e della Sinistra. Entrambi, una volta perse le elezioni, dettero le dimissioni. Se invece si fossero messi d'accordo, Occhetto avrebbe sposato la figlia di Martinazzoli e, con l'aiuto dei democristiani, avrebbe messo in minoranza Berlusconi.»

E. «E chi è Berlusconi?»

D. «Il nostro attuale primo ministro.»

E. «Vuoi dire l'arconte?»

D. «Sì.»

E. «Comunque, la situazione non sarebbe cambiata di molto. L'unica cosa a cui tengono i vari Occhetto e Berlusconi è il Potere!»

D. «Ma, dico io, ci saranno pure gli idealisti...»

E. «Probabilmente sì, ma prima o poi finiscono col cedere alla libidine del Potere. Io questa libidine me la immagino come un mostro sempre in agguato, nascosto all'interno dell'anima. Ti faccio un esempio: volendo diventare arconte...»

D. «...primo ministro.»

E. «Volendo diventare primo ministro, il politico si rende conto che ha bisogno di un seguito, e che questo seguito lo può ottenere solo appropriandosi di un'Idea.»

D. «Tipo la Libertà, oppure il Progresso?»

E. «Proprio così: Libertà, Fraternità, Eguaglianza, funzionano sempre, l'una vale l'altra. Le Idee altro non sono che Grandi Pretesti da sbandierare al momento opportuno. Di solito, quelli che riscuotono più successo sono Dio, Nazione e Giustizia. Nascono così i movimenti religiosi, le spinte nazionalistiche e i partiti cosiddetti socialisti.»

D. «E il popolo non si accorge di essere truffato?»

E. «Prima o poi Dike piomberà addosso a coloro che foggiano e testimoniano menzogne.»[45F]

D. «Chi è Dike?»

E. «È la Giustizia.»

D. «Beh, da noi, a parte qualche rara eccezione, Dike interviene con un certo ritardo. Nel frattempo, però, il Grande Pretesto ha avuto tutto il tempo per fare arricchire i suoi fedeli.»

E. «Sì, ma i Grandi Pretesti da soli non bastano a formare un partito di massa: è necessario anche un nemico. Il popolo più è ignorante e più ha bisogno di un nemico su cui indirizzare l'odio.»

Un mostro sempre in agguato,
nascosto all'interno dell'anima.

M.C. Escher, *Stelle*.

D. «Anche quando il nemico si trova all'interno di una coalizione? In Italia, per esempio, sia nel Polo dei Progressisti che in quello delle Libertà, non sempre c'è intesa.»

E. «Questo accade quando all'interno di un'alleanza manca il divenire dei pareri: anche il ciceone si disgrega se non viene agitato.»[18F]

D. «Il ciceone! Che cos'è il ciceone?»[3]

E. «Un farmaco.»

D. «Sì, però, qui non si tratta di farmaci, ma di uomini. Si temono, per un verso, l'arrivo dell'uomo forte e, per l'altro, l'instabilità del governo.»

E. «Sia chiaro: non è un bene che le cose vadano sempre bene.[120F] L'instabilità non deve spaventare più di tanto, anzi deve indurre all'ottimismo: denunzia la presenza di una valida opposizione. Ubbidire a un unico uomo, pur essendo legge,[73F] potrebbe non essere l'ideale per una *Polis*, a meno che l'uomo in oggetto non sia il Fuoco in persona, cosa alquanto improbabile, dal momento che io sono defunto. Tanto vale, allora, affidarsi agli opposti, nella speranza che almeno da essi, come dicevo prima, nasca l'armonia.[5F]»

D. «Se essere saggi vuol dire vivere nell'instabilità, viva l'anarchia!»

E. «Questo mai, perché senza le leggi non ci sarebbe nemmeno la Giustizia.»[125F]

D. «Ammetti, quindi, che le leggi siano necessarie?»

E. «Come le mura della *Polis*.»[126F]

[3] Il ciceone, *kykeon*, era una bevanda che si assumeva durante i misteri eleusini. Passava per un farmaco. Era costituita essenzialmente da acqua, farina d'orzo e succo di menta. Se non la si rimescolava ben bene con un ramoscello, la farina veniva a galla e si separava dal resto.

D. «E per difendere le mura non è indispensabile, oltre la forza, anche la passione?»

E. «Vuoi dire l'amore per la patria?»

D. «Sì, soprattutto se sono in gioco le libertà individuali.»

E. «Nei casi limite è senz'altro vero. È perfino concepibile un eventuale ricorso alle armi. In quelli di ordinaria amministrazione, invece, è sufficiente prendere atto dell'esistenza degli opposti estremismi, senza lasciarsi trascinare più di tanto dalla passione.»

D. «Questo sarà vero in politica, ma per l'arte come la mettiamo? Può esistere l'arte senza la passione?»

E. «Beh, qui le cose si complicano! A gestire l'arte sono preposte le Muse, le figlie di Zeus e di Armonia. Esse presiedono il pensiero sotto tutte le forme possibili. Curano la poesia, la matematica, l'astronomia, la lirica, la danza, la pantomima, il flauto, la tragedia e la commedia. Di gruppi di Muse, però, ne esistono due: quelle tracie e quelle dell'Elicona. Le prime sono alle dipendenze di Apollo, le seconde alle dipendenze di Dioniso, e qui torniamo alla teoria degli opposti.»

D. «Anche nell'arte?»

E. «Sì, perché Apollo è il custode del *Logos*, e Dioniso il guardiano della Follia.»

D. «E tu, dei due, chi preferisci?»

E. «Indubbiamente Apollo, anche se sono costretto ad ammettere che senza Dioniso non è possibile ottenere il capolavoro. La sua importanza è tale che gli si perdonano perfino gli eccessi, come quando, nelle processioni in suo onore vengono portate in giro quelle parti anatomiche del corpo umano che in genere le persone dabbene si vergognano di mostrare in pubblico.»[49F]

D. «Quindi Apollo e Dioniso possono anche lavorare

insieme? Come due sceneggiatori di diversa estrazione?»

E. «Non so chi siano questi sceneggiatori. So solo che l'opera d'arte, per raggiungere il sublime, deve essere insieme apollinea e dionisiaca.»

D. «Qualcosa del genere l'ha detta anche Nietzsche.»

E. «Nietzsche chi?»

D. «Un filosofo dei nostri giorni. Scrisse che lo sviluppo dell'arte è legato al duplice influsso di Apollo e Dioniso, e poi parlò d'impulsi contrastanti, che lottano fra loro per eccitarsi a vicenda.»[4]

E. «Niente male questo Nietzsche: mi piacerebbe conoscerlo. Dove posso trovarlo?»

D. «Non lo so, forse in paradiso, forse all'inferno: di sicuro non in purgatorio. Non amava le mezze misure. Comunque, se sta all'inferno, lo troverai lì dove il fuoco è più intenso.»

E. «Beato lui! A me, invece, mi hanno sbattuto giusto al centro del Limbo.»

D. «E com'è il Limbo?»

E. «È noioso, c'è persino Aristotele!»

[4] Nietzsche, *La nascita della tragedia*, cap. I, rigo 3 e 13.

VIII

Eros

Ci rimettiamo in macchina per andare a Positano all'hotel San Pietro. Ormai è buio: i fari delle auto illuminano il volto di Eraclito e gli conferiscono un vago aspetto satanico. Il filosofo non parla ma si sente che non è di suo gusto il traffico.

Cerco di spiegargli il fenomeno.

«L'automobile ai giorni nostri è parte integrante del corpo. Non possederla è come avere una gamba in meno. Un giovane senz'auto si ritiene un reietto della società, un handicappato grave. Con questa convinzione è vissuto suo padre, e con questa convizione continuerà a vivere lui finché morte non sopraggiunga, magari proprio mentre sta guidando.»

«E sarebbe giusto che ciò accadesse, dal momento che non bisogna mai imitare i genitori!»[122F]

«Quando sono nel torto, immagino?»

«No, anche quando non lo sono. In altre parole, non bisogna accettare un comportamento solo perché ce lo impone la tradizione, bensì è bene sottoporlo di volta in volta al giudizio del Fuoco.» allora del LOGOS!

A Conca dei Marini scorgiamo alcune giovani coppie sedute sui muretti. C'è chi guarda il mare, chi si stringe all'amato bene e chi si bacia a occhi chiusi, incurante delle auto che sfrecciano e dei passanti che potrebbero guardare. D'altra parte perché meravigliarsene? Il panorama è uno dei più belli della costiera amalfitana, la temperatura è mite e la luna piena si riflette sul mare.

E. «Vedo molte *pornai*.»

D. «Cosa sono le *pornai*?»

E. «Le donne che fanno l'amore in cambio di denaro.»

D. «Ce ne sono moltissime, ma in città, non qui a Conca dei Marini.»

E. «E quelle?»

D. «Quelle non sono *pornai*.»

E. «Non sono *pornai*?! Allora perché fanno l'amore per strada, rischiando di farsi vedere?»

D. «Perché al giorno d'oggi le donne sono molto più libere che nell'antica Grecia. Comunque, per loro, non conta solo il sesso, contano anche i sentimenti.»

E. «Vuoi dire l'amicizia?»

D. «Perché no, anche l'amicizia.»

E. «Io non ho mai avuto un amico.»

D. «Come mai?»

E. «Non ho mai trovato un uomo degno di essere considerato tale. Al massimo ho trovato dei cani. Eppure, anche loro alla fine mi hanno tradito.»[1]

D. «Forse perché non hai cercato abbastanza. Esistono, infatti, molti uomini che vivono solo per dare.»

E. «Non è affatto vero: queste virtù si trovano appena in uno, giacché è molto difficile trovare uomini puri.»[61F]

D. «Neanche quando s'innamorano?»

E. «Neanche in quel caso! L'Eros non può accoppiarsi

[1] Diogene Laerzio, *Vite dei filosofi*, IX 4.

Al massimo ho trovato dei cani.
Anche loro, però, alla fine, mi hanno tradito.

M.C. Escher, *Cani*.

al senno, anzi, appena appare il senno si dilegua. Il vero senno, il *Logos,* non è la somma delle cose che si sanno, ma il sapere in sé: purtuttavia pochi se ne rendono conto.»[68F]

D. «Saggi si nasce o si diventa?»

E. «A ogni uomo viene data l'opportunità di vivere con saggezza,[64F] giacché a tutti è comune il pensare,[56F] ma non tutti sono così furbi da approfittarne. Alcuni, per esempio, camminando camminando, si dimenticano dove porta la strada.[60F]»

D. «Ti sei mai innamorato?»

E. «Cosa vuol dire "innamorato"?»

D. «Hai mai desiderato una donna fino a perdere il senno?»

E. «Non riesco nemmeno a immaginare una situazione così orribile! Eros, in questo, mi ha risparmiato e io lo ringrazio.»

D. «Non ti ha mai colpito con una delle sue frecce d'oro?»

E. «Una volta sola e non si trattava di una freccia d'oro, ma di piombo.»

D. «E che cosa è accaduto?»

E. «Bisogna sapere che Eros possiede due tipi di frecce, quelle d'oro e quelle di piombo. Le prime fanno innamorare, le seconde ingenerano il disgusto.»

D. «E tu chi hai visto per primo, dopo essere stato colpito dalla freccia di piombo?»

E. «Nessuno.»

D. «E allora?»

E. «Ho provato disgusto per tutti.»

D. «È davvero strano quello che racconti: io ho sempre pensato che Eros fosse un bambino alato, molto tenero, magari un po' capriccioso, incapace però di colpire qualcuno con una freccia di piombo.»

E. «Questo perché, come al solito, invece della testa hai usato le viscere! Se Eros scaglia le frecce di piombo è perché sa che l'unico modo per rendere felice un uomo è quello di farlo soffrire. Solo chi si è macerato nel desiderio è predisposto alla felicità.»

D. «Spiegati meglio.»

E. «Ad Atene, un giorno, vidi un'urna che da una parte mostrava un uomo e dall'altra una donna. Tutti e due correvano a perdifiato. La distanza che li separava era la stessa, né poteva essere altrimenti dal momento che l'urna era circolare. Allora mi chiesi: chi è quello che insegue? E chi è quello che scappa? Chi dei due è stato colpito dalla freccia d'oro di Eros? E chi dalla freccia di piombo? Dall'espressione dei volti non era possibile capirlo perché entrambi erano disperati, solo che uno lo era per troppo amore e l'altro perché aveva paura. Ebbene sappi che questo fatto del rincorrere l'amato bene, senza mai poterlo raggiungere, è l'unica possibilità che ha l'amore per resistere all'usura del tempo.»

D. «"O audace amante, giammai potrai baciare la tua preda, benché così vicino alla meta. Ma non dolertene: ella non può sfiorire, tu sempre l'amerai, e lei sempre sarà bella!"»[2]

E. «Che cos'è questo?»

D. «Sono i versi di una poesia scritta da un poeta che si chiamava John Keats: un ragazzo che morì a soli venticinque anni.»

E. «Avrebbe dovuto aggiungere che solo le cose immaginate possono essere belle.»

D. «E lo aggiunse. Scrisse: "Dolci sono le melodie udite, più dolci quelle non udite".»

2 *Ode su di un'urna greca* di John Keats (1795-1821).

E. «Bravo questo Keats: doveva essere uno di quei pochi di cui parlavo prima. Insomma, ricapitolando, se non c'è contesa, non solo non c'è la guerra, ma non c'è nemmeno amore. Il desiderio è stimolante, l'appagamento ammosciante, perciò il sogno è più remunerativo della realtà. Io preferisco ciò che immagino a ciò che vedo e, se proprio non riesco a immaginare, ciò che vedo a ciò che tocco.[85F] Datemi una donna da conquistare e sarò felice. Fatemi trovare una donna già pronta nel mio letto, e mi andrò a coricare altrove!»

D. «Ma l'appagamento ha pure il suo fascino...»

E. «Mai quanto il desiderio inappagato. L'armonia invisibile è più bella di quella visibile.[7F] Quella invisibile è una sfera perfetta e incontaminata. Quella visibile, invece, si deforma continuamente sotto il peso della realtà.»

D. «E il conforto dell'affetto? Il calore umano quando si ha bisogno di aiuto? Il tenersi per mano mentre si cammina?»

E. «Non sono nulla se paragonato al sogno. Qui dove mi trovo io, nel Limbo, ho conosciuto un poeta, un certo Jaufré Rudel.[3] Ebbene, quest'uomo mi ha raccontato di aver amato una donna per tutta la vita, una certa contessa di Tripoli, senza averla, però, mai vista di persona, nemmeno una volta. Ne aveva solo sentito parlare da alcuni crociati che erano tornati dalla Siria. Tutti gli avevano detto che era bellissima, che era meravigliosa, che non c'era nessuna al mondo più bella di lei, e tanto gli bastò perché lui la decantasse in decine e decine di canzoni d'amore. Quando poi, ormai vecchio, si decise a imbarcarsi su una nave per andarla a trovare, per sua

[3] Jaufré Rudel, principe di Blaye, trovatore provenzale. Della sua vita si sa poco o nulla, tranne che scrisse *La canzone dell'amore lontano.* Viene citato dal Petrarca nel *Trionfo d'amore,* e a lui s'ispirarono Heine, Rostand e Carducci.

fortuna morì prima di poterla vedere, cioè nello stesso istante in cui mise piede sulla spiaggia siriana.»

D. «Allora, se ho ben capito, Eros e *Logos* sono due opposti?»

E. «Sì, *Logos* è l'opposto di Eros, o meglio, la sua negazione. Quando Eros appare, *Logos* si dilegua, come ben sa chiunque abbia sofferto per amore.»

D. «Tu, quindi, non credi ai maghi, alle fattucchiere e a tutti coloro che leggono nelle stelle o che preparano filtri d'amore?»

E. «Per carità: nulla di ciò che predicono si avvera. Anche a Omero piaceva fare l'astrologo,[94F] ma lo faceva solo per avvalorare l'ipotesi secondo cui, essendo Ettore e Polidamante nati nel medesimo istante, avrebbero dovuto avere uguali destini. La verità è che tutti questi riti possono servire solo a lenire l'ansia, un po' come quelle medicine che, pur non sconfiggendo il male, riescono a tener buono il paziente.[47F] L'unica, forse, in grado di penetrare il futuro per mille anni, è la Sibilla, giacché è la sola che, quando parla, lo fa con la bocca della follia, senza mai ricorrere al riso, agli ornamenti e ai profumi.[93F]»

D. «Ma perché, a tuo avviso, l'uomo che soffre è così pronto a credere?»

E. «Perché come il ragno si precipita lì dove la tela è strappata, così lui accorre lì dove gli duole l'anima,[104F] e pur di riuscire a riparare lo strappo, è pronto ad accettare qualsiasi bassezza, anche quella di credere ai maghi.»

D. «Cosa dovrebbe fare invece?»

E. «Semplicemente attendere. Il domani è un altro giorno.»

D. «Come in *Via col vento*, allora?»

E. «Il vento qui non c'entra: è il sole che è giovane ogni giorno.»[31F]

L'invisibile è una sfera perfetta. Quella visibile, invece, si deforma continuamente sotto il peso della realtà.

M.C. Escher, *Le tre sfere.*

IX
Stupidità

Trent'anni fa, a Efeso, durante uno scavo effettuato nei pressi della Porta Magnesia, furono trovati due papiri del VI secolo a.C.,[1] arrotolati l'uno dentro l'altro, sul dorso dei quali, con un po' di buona volontà, era possibile leggere la scritta: «Io Eraclito, figlio di Blosone». Chiaramente si trattava di documenti eccezionali, redatti dal più famoso filosofo della costa ionica.

Magrado l'importanza del ritrovamento, però, non fu possibile giungere alla decifrazione dei manoscritti, essendo gli stessi arrotolati in modo così stretto da non consentirne la lettura. In seguito, grazie a un nuovo metodo di srotolamento studiato per i papiri di Filodemo, anche quelli di Eraclito finirono col capitolare, e ci si trovò di fronte a un testamento quanto mai singolare.

> «Io Eraclito, figlio di Blosone, nelle mie piene e pressoché uniche facoltà d'intendere e di volere, prima ancora che l'acqua invada i recessi dell'anima mia e m'impedisca di seguire il Logos, annusando già i profumi dell'Ade, dichiaro quanto segue:

[1] È ovvio che si tratta di un ritrovamento immaginario, inventato dall'autore.

Tutte le mie proprietà, e precisamente il terreno a valle del monte Phion, la casa, la stalla, i cinque cani, i due maiali, la mucca da latte e il toro da monta, verranno consegnati a chi per primo saprà dirmi il significato esatto della massima: "Il sole ha la larghezza di un piede umano".[30F] Giudice insindacabile: l'onesto e fedele Ermodoro, unico tra gli Efesii a godere della mia stima incondizionata.

Scritto, letto e sottoscritto da Eraclito di Efeso, figlio di Blosone.»

Nel secondo papiro, invece, c'era la spiegazione della massima:

«Era piena estate quando un giorno, dopo essermi lavato i piedi, mi misi al sole per asciugarmi.

Stavo lì, sdraiato su una stuoia di Lemno, sul terrazzo di casa, pensando al sonno e alla morte, e a come distinguerli l'uno dall'altro, quando i raggi del sole cominciarono a colpirmi gli occhi. Alzai, allora, una gamba per creare un poco d'ombra, e scoprii che il sole era poco più grande del mio piede destro, e quindi anche della *skaphè* (il bacile) dove mi ero appena fatto il pediluvio.

Questa esperienza mi fece capire che "una cosa è ciò che sembra" (il sole grande come un piede), e "una cosa è ciò che è" (la reale grandezza del sole). Ciò detto, io credo che gli uomini devono impadronirsi della vera conoscenza,[69F] e che per ottenerla debbono esaminare a fondo tutti i problemi, sia quelli che si trovano in superficie sia quelli nascosti all'interno delle cose, senza mai lasciarsi condizionare da ciò che appare a prima vista.

Le cose, in sé, non sono né belle né brutte, e neppure buone o cattive, lo diventano, però, a seconda del fine che intendono perseguire. Motivo per cui, una realtà come la guerra, potrebbe essere desiderabile, se vista dagli Dei come selezione, e pessima, se vista dai mortali come

L'acqua del mare è preziosa per i pesci
ed è letale per gli uomini.

M. C. Escher, *Pesci a squame.*
(© 1989 Cordon Art, Baarn, Olanda.)

apportatrice di lutti.[40F] Ogni realtà ha sempre due aspetti, uno positivo e uno negativo. L'acqua del mare è preziosa per i pesci ed è letale per gli uomini.[99F] Quello che a prima vista appare concavo, in realtà potrebbe essere anche convesso.

A differenza degli Dei, gli uomini non posseggono gli strumenti necessari del conoscere,[41F] e per stabilire se una cosa è giusta o ingiusta, non si affidano alla ragione bensì ai sensi, con tutti gli inconvenienti che i sensi comportano. E anche quando arriva il saggio a metterli in guardia,[106F] essi, increduli, si comportano come se stessero dormendo.

Così disse Eraclito di Efeso, figlio di Blosone.»

Dopo l'*archè* e il *panta rei*, la terza chiave per capire Eraclito è quindi la teoria sulla stupidità. Il filosofo, un bel giorno, *scoprì* che l'uomo comune era molto più stupido di quanto lui stesso non pensasse, e ne rimase folgorato.

In certo qual modo, il suo giudizio sull'umanità non era poi molto dissimile da quello di Socrate, anche se quest'ultimo, invece di dire «stupido», usava il termine «ignorante». Ecco, infatti, la tesi di Socrate: «Praticare il bene è un affare. Se l'uomo non lo persegue, è solo perché non ha la minima idea di dove si trovi il bene. Pertanto non è malvagio, ma ignorante». Ed ecco quella di Eraclito: «Pochissimi sono quelli che valgono,[66F] tutti gli altri, pur avendo prestato orecchio, si comportano come i sordi,[53F] e anche quando s'imbattono nella verità non sono in grado di riconoscerla[52F]».

Come dire: se un ragazzo lancia i sassi da un cavalcavia sulle macchine in autostrada, non lo fa perché è cattivo, o perché è insensibile, o perché non si rende conto che potrebbe ammazzare qualcuno (come purtroppo è accaduto), lo fa solo perché è stupido. È inutile prendersela con le mode, i punk, la disco-music, i film violenti e i tempi moderni (*o tempora, o mores,* com'era solito dire mio padre): lui lo fa semplicemente per ignoranza (Socrate) o per stupidità (Eraclito): punto e basta. Lo stesso dicasi del *naziskin* che si rapa la testa a zero e va in giro a insultare ebrei o a sprangare extracomunitari: è un cretino, tutto qui. Così come non sono molto intelligenti quelli che si drogano: e dal momento che nessuno vuol passare per stupido, il giorno in cui si riuscisse a lanciare lo slogan «drogato uguale stupido», avremmo dato un efficace contributo alla lotta contro la droga.

La maggior parte degli uomini, dice Eraclito, crede ai nottambuli, ai maghi, ai posseduti dal Dio Dioniso, alle Menadi, ai ciarlatani e agli iniziati,[76F] e ciò è assolutamente un errore,[107F] anche se c'è chi ha messo in giro la voce che l'allucinazione è un dono degli Dei.[117F] La verità è che la vera saggezza vuole e non vuole essere chiamata col nome di Zeus.[38F]

Ciò che è concavo può essere
considerato convesso e viceversa!

M. C. Escher, *Concavo e convesso.*

X

De caelo

Giunti in albergo, a Eraclito viene consegnata dal portiere una pergamena arrotolata, con relativo nastro di seta rossa e timbro di ceralacca.

La S.V. è invitata al talk show che avrà luogo questa sera alle ore 23.00 presso gli studi di Tele-Arcadia.

Condurrà in studio Nicotas Zoramuzio.

Spiego a Eraclito cosa vuol dire Signoria Vostra e talk show. Decidiamo di partecipare.

Seduti, l'uno accanto all'altro, troviamo il fior fiore del pensiero presocratico, e precisamente Talete, Anassimandro, Anassimene, Pitagora, Melisso, Anassagora, Democrito, Empedocle e Archita.[1] Tutti anziani, tutti filosofi e tutti greci. Oddio, tutti greci per modo di dire, se si pensa che i primi sei erano nati in Turchia e gli ultimi due in Italia. Il solo Democrito, forse, in quanto di Abde-

[1] È fin troppo evidente che si tratta di un convito immaginario. Tra Talete, infatti, che è il più vecchio, e Democrito che è il più giovane, ci sono almeno centocinquant'anni di differenza.

ra (Tracia), avrebbe potuto, quasi quasi, farsi passare per greco doc.

Nicotas è il primo a prendere la parola.

«Vi ho qui invitato a discutere il mai risolto problema dell'*archè,* o elemento primordiale, o mattone dell'universo che dir si voglia, per stabilire, una volta per tutte, come sia nato il mondo, e in che modo si sia poi sviluppato. Ognuno di voi, in proposito, avanzò a suo tempo delle ipotesi. Ora, a distanza di tanti anni, anzi di secoli, è mio desiderio sapere se dette ipotesi si sono avvalorate, o se hanno subìto delle sostanziali modifiche. In altre parole vi chiedo: esiste una sostanza primordiale? E, se esiste, esiste da sempre o è stata generata? E, se è stata generata, chi è stato a generarla? Questo e null'altro vi chiedo.»

Il cortese invito cade nel silenzio più assoluto. Ognuno dei convenuti vorrebbe riservarsi il privilegio d'intervenire per ultimo, e molti sperano che sia Talete, il decano del gruppo, a rompere il ghiaccio. Il filosofo di Mileto, invece, non ne ha nessuna voglia: si guarda intorno, tossicchia e tace.

«Orsù, Talete,» lo incoraggia Nicotas «tu che per primo annunziasti l'eclissi solare,[2] tu che per primo dividesti l'anno in 365 giorni,[3] tu che per primo chiamasti "trentesimo" l'ultimo giorno del mese,[4] tu che per primo scopristi l'Orsa Minore, dando modo ai Fenici di orientare le navi,[5] illuminaci adesso con il tuo sapere. Dicci qual è stata, a tuo giudizio, la sostanza dalla quale nacquero tutte le altre.»

[2] Cicerone, *De divinatione,* I 49, 112. Erodoto, *Le Storie,* I 74.
[3] Diogene Laerzio, *Vite dei filosofi,* I 1 27.
[4] Diogene Laerzio, *Vite dei filosofi,* I 1 24.
[5] Callimaco, *Giambi,* fr. 191.

Altro silenzio, altri colpi di tosse e altro guardarsi intorno. Poi, all'improvviso, la dichiarazione tanto attesa.

«Io, Talete, affermo che il principio di ogni vita è l'acqua e che non potrebbe essere altrimenti dal momento che dovunque c'è vita c'è anche un che d'acquoso a darcene testimonianza.[6] C'è acqua nell'uomo, c'è acqua nelle piante, c'è acqua in te, o Nicotas, come in tutte le altre bestie viventi. Non c'è acqua, invece, nelle pietre, nei minerali e in tutte le cose inerti. Talete ha detto!»

Malgrado la chiara presa di posizione, nessuno se la sente di obiettare: vuoi per rispetto all'età, vuoi per non essere spiazzati prima del tempo, ognuno preferisce attendere il momento propizio. Quanto a Eraclito, ha l'aria insofferente di chi vorrebbe essere altrove: si è perfino rifiutato di sedersi accanto agli altri filosofi e volta ostentatamente le spalle a Talete.

Tocca a Nicotas provocare di nuovo l'uditorio.

«Se ho ben capito, siete tutti d'accordo con Talete: anche per voi l'acqua è l'elemento primordiale. Non è più quindi l'aria, come a suo tempo sosteneva Anassimene,[7] né tantomeno l'*apeiron*, tanto caro al qui presente Anassimandro.[8]»

Una volta chiamati in causa, Anassimene e Anassimandro si rendono conto che non possono più rinviare il proprio intervento.

«Non sono affatto d'accordo!» si affretta a dire il primo. «Pur volendo bene a Talete, come a un padre, e stimandolo nella duplice veste di uomo e di scienziato, non posso assolutamente condividere le sue idee sulle

[6] Aristotele, *Metafisica*, 13, 983 b 17.
[7] Simplicio, *Fisica*, 24, 26.
[8] Simplicio, *Fisica*, 24, 13.

origini dell'universo. È l'aria, e non l'acqua, l'elemento primordiale da cui tutto ebbe inizio...»

«Ma finiamola, una buona volta, con questa storia dell'aria e dell'acqua!» lo interrompe Anassimandro, quanto mai incavolato. «Ma come si può pensare che l'*archè*, il principio della vita, una volta create le sostanze, accetti poi di restare visibile. Lui, il Generante, messo alla stessa stregua delle cose generate! Per Zeus, è assurdo! Dobbiamo, invece, presupporre un elemento invisibile, e questo elemento, lo vogliate o no, si chiama *apeiron*. Esso non può essere paragonato a sostanze volgari, come l'acqua o l'aria, cose, insomma, che si trovano in natura alla portata di tutti. Se è il nome che non vi piace, cambiatelo pure: non mi offenderò per questo. Tanto, io, sempre *apeiron* lo chiamerò!»

Finalmente, con grande gioia di Nicotas, il dibattito è partito alla grande. Se non c'è lite, pensa il moderatore, non c'è nemmeno dibattito, quindi sotto con gli interventi e che vinca il migliore.

Anassimene, offeso perché la sua «aria» era stata definita volgare da Anassimandro, si alza in piedi e urla come un ossesso, dando l'impressione di essere più un politico che un filosofo.

«Mi vergogno per te, o figlio di Prassiade, e mi chiedo come fai a essere così sicuro dell'esistenza di questo tuo fantomatico *apeiron*. Nessuno lo ha mai sentito nominare, nessuno lo ha mai incontrato, e tu ce ne parli come se lo avessi visto con i tuoi occhi qualche minuto fa. E allora sai che ti dico? Tanto vale credere agli Dei di Omero: almeno loro sono più divertenti del tuo *apeiron*! Convinciti, invece, che è l'aria il motore dell'universo, e che non potrebbe essere altrimenti...»

«Nossignore, è l'acqua!» sbotta Talete, questa volta

più deciso che mai a non lasciarsi prevaricare. «Provate a togliere l'acqua a un essere vivente e poi ditemi se riesce a sopravvivere. Talete ha detto!»

A calmare le acque (e le arie) interviene l'ammiraglio Melisso.

«Calma, amici, calma» esordisce. «È fin troppo evidente che state sostenendo tutti la stessa tesi, solo che date nomi diversi a principi uguali. Qui, in realtà, non si tratta di stabilire tanto il nome, quanto le caratteristiche dell'*archè*. Come dovrebbe essere questo elemento? Uno o molteplice? Visibile o invisibile? Finito o infinito? Ragioniamoci sopra con calma e arriveremo a una soluzione...»

Quelli di Mileto zittiscono, pronti a intervenire, però, alla minima provocazione, e Melisso ne approfitta per esporre meglio il suo pensiero.

«Primo: se qualcosa esiste vuol dire che è eterno, dato che nulla può nascere dal nulla. Secondo: se è eterno, è anche infinito, perché non ha principio né fine. Terzo: se è eterno e infinito, è anche uno, perché, se fosse due, ciascuno dei due finirebbe col diventare il limite dell'altro. Quarto: se è eterno, infinito e uno, è anche omogeneo, perché se così non fosse sarebbe diverso da una parte e dall'altra e quindi molteplice. Quinto: se è eterno, infinito, uno e omogeneo, è anche immobile, non esistendo un posto al di fuori di esso dove andare. Sesto: se è eterno, infinito, uno, omogeneo e immobile, non può soffrire, né provare pena, dovendo restare sempre uguale a se stesso. Settimo...»[9]

«Basta, basta!» urlano tutti, e Nicotas si rende conto che, se vuole portare a termine il dibattito, deve trovare un modo per zittire Melisso.

[9] Pseudo-Aristotele, *Su Melisso, Gorgia e Senofane*, 1-2 974a 977a.

«Prego, signori, prego!» interviene, alzando la voce. «Io penso che se vogliamo trarre una qualche utilità da questo nostro incontro, dobbiamo porci domande più semplici e risposte più sintetiche. Evitiamo, allora, di fare sfoggio di eloquenza e parliamo a bassa voce, come si conviene a persone di pensiero! Ciò premesso, ecco un primo argomento su cui dibattere: come è fatto l'universo? È finito o infinito? Ha avuto un inizio o esiste da sempre? Avrà una fine o vivrà in eterno? Propongo che gli oratori intervengano uno alla volta, solo su questo quesito, e magari per anzianità. Invito pertanto Talete a parlare per primo, e subito dopo, nell'ordine, Anassimandro, Anassimene, Pitagora, Archita, Eraclito, Empedocle, Anassagora e Democrito.»

Nicotas, volutamente, dimentica Melisso. La cosa, comunque, non viene rilevata, e Talete ha modo di riprendere la parola.

«Io, Talete, sostengo che la Terra è una zattera che galleggia sull'acqua.[10] A volte questa zattera è immobile e a volte beccheggia. In quest'ultimo caso hanno luogo i terremoti.[11] Talete ha detto.»

«E io, se permettete, non sono d'accordo!» obietta Anassimandro, questa volta, però, a voce relativamente bassa per non urtare Nicotas. «La Terra non è affatto una zattera, ma una sezione di colonna, o, per meglio dire, una grande torta sospesa nell'aria. Essa non può cadere da nessuna parte per la semplice ragione che, trovandosi giusto al centro dell'universo, non ha alcun motivo per scegliere una direzione piuttosto che un'altra. La torta è fatta di pietra e la sua altezza è pari a un terzo del suo dia-

10 Aristotele, *De caelo*, II 13, 294a 30-3.
11 Seneca, *Questioni naturali*, III 14.

metro.[12] Intorno a essa gira una gigantesca ruota d'aria pressata al di là della quale brucia un immenso oceano di fuoco. Ora siccome, nel lato interno della ruota ci sono dei buchi (lì dove di solito si sistemano i raggi), noi, qui dalla Terra, intravediamo solo alcuni bagliori di fuoco e li scambiamo per stelle.[13] Anche il Sole e la Luna sono delle torte, ma di diametri diversi. Quello del Sole è ventisette volte più grande del diametro della Luna e diciannove volte più grande del diametro della Terra.[14]»

«A questo punto vorrei sapere da Anassimandro quanti capelli ha in testa Zeus!» lo interrompe ridendo Anassimene. Poi cambia improvvisamente tono e gli punta l'indice contro: «Come fai a snocciolare tutti questi dati? Chi te li ha confidati? Un oracolo? Un Dio? Deve essere per forza un Dio, altrimenti non si capirebbe come hai fatto a conoscerli».

«Nessuno me li ha comunicati, li ho semplicemente calcolati, guardando per notti e notti il cielo stellato» replica irritato Anassimandro. «Ma dal momento che sei così in gamba, spiegaci tu, o Anassimene, com'è fatto l'universo, e poi, di grazia, raccontaci anche come hai fatto a saperlo. Siamo tutti ansiosi di apprendere la Verità.»

«A mio parere,» risponde Anassimene «il cielo rassomiglia a un *pilos*...»

«A un *pilos*!?» si stupisce Nicotas, pensando di aver capito male.

«Sì, a un *pilos*, a un berretto di lana...» conferma Anassimene. «...quello che di solito usano i pescatori di Egina quando escono di notte. Ebbene, immaginiamoci la

[12] Ippolito, *Confutazione di tutte le eresie*, I 6, 3.
[13] Aezio, II 13, 74.
[14] Ippolito, *Confutazione di tutte le eresie*, I 6, 5.

Terra come un enorme piatto sostenuto dall'aria, e su di esso piazziamo una volta celeste, che possa ruotare intorno al proprio asse come un *pilos* che ruota sulla testa di un marinaio. Il piatto non taglia l'aria: si limita a suggellarla a guisa di coperchio.»[15]

«E il Sole?» chiede Melisso.

«Anche il Sole è un piatto che fiammeggia nel cielo. È incandescente perché il suo girare vorticoso lo ha reso tale.»

«E perché di notte scompare?»

«Perché passa al di là delle montagne della Tracia e si sottrae ai nostri sguardi, finché non giunge, più incandescente che mai, sulle verdi pianure di Ninive a illuminare i due fiumi. Troppo basso per noi, non troppo per la Luna che ne viene illuminata.»

«E le stelle?»

«Alcune sono fisse, e a guisa di chiodi sono conficcate nella volta ghiacciata del cielo, altre invece (quelle che di solito sono chiamate pianeti) vagano libere per l'aria come foglie di fuoco.»

«E l'aria?»

«L'aria è in ogni dove: a volte si condensa, a volte si rarefà, e quando si rarefà diventa fuoco, e quando si condensa diventa vento. Continuando, però, sempre di più a restringersi, si muta prima in nuvola, poi in acqua, poi in terra e poi in pietra,[16] e continuamente si muove, perché se non si muovesse non potrebbe trasformarsi.[17]»

«Grazie Anassimene» lo interrompe Nicotas, per poi annunziare che è giunto il turno di Pitagora.

[15] Ippolito, *Confutazione di tutte le eresie*, I 7, 6.
[16] Simplicio, *Fisica*, 24, 26.
[17] Ippolito, *Confutazione di tutte le eresie*, I 7, 3.

Il Grande, l'Inarrivabile, l'Eccezionale, il Maestro dei Maestri, il Sacerdote di se stesso, il Pizio, il Divino, l'Apollo Iperboreo, l'*Ipse dixit* (e chi più ne ha più ne metta), una volta chiamato in causa, si alza con studiata lentezza e non comincia a parlare finché non ode intorno a sé il più assoluto silenzio. Alla fine, dopo una pausa che a tutti sembrerà infinita, pronunzia la fatidica frase con cui è solito iniziare ogni discorso.

«Io, Pitagora, per l'aria che respiro e per l'acqua che bevo, non sopporterò alcuna obiezione su ciò che sto per dire!»[18]

Altra pausa interminabile.

Nicotas solleva gli occhi al cielo come a chiamarlo a testimone di quanta pazienza gli ci vuole. Però, evita di fare il minimo rumore, per paura di urtare la suscettibilità del filosofo.

«All'inizio c'era il Caos, ovvero il Disordine, poi giunse la Monade e creò l'Universo. Il Caos allora divenne Cosmos e il Disordine divenne Ordine.»

Eraclito fa finta di essere distratto, ma non perde una battuta del rivale.

Pitagora continua.

«I numeri generati dall'Uno hanno tutti uno spessore materiale: piccolo se volete, magari anche invisibile, ma ce l'hanno! L'Uno è l'Intelligenza, il Due è l'Opinione, il Tre la Perfezione, il Quattro la Giustizia, il Cinque il Matrimonio, il Sette il Tempo e così via. Tra tutti i numeri però, subito dopo l'Uno, il più importante è il Dieci, anche detto "la divina *Tetraktys*", in quanto somma dell'Uno, del Due, del Tre e del Quattro, ovvero dell'In-

[18] Diogene Laerzio, *Vite dei filosofi*, VIII 6.

telligenza, dell'Opinione, della Perfezione e della Giustizia.»[19]

«D'accordo sui numeri,» insiste Nicotas. «Adesso, però, parlaci del Cosmo! Quanto pensi che sia grande? È finito o infinito?»

«Un giorno,» risponde Pitagora «Temistoclea, sacerdotessa di Delfi, mi disse che quello spazio che io per primo chiamai Cosmo...»[20]

«...non può essere che infinito,» completa Archita, rubando il tempo al Maestro, «giacché se non lo fosse avrebbe un bordo, e se avesse un bordo, io mi ci potrei sedere sopra, e poi, una volta sedutomi sopra, potrei stendere un braccio...»

E, così dicendo, apre la finestra, si siede sul davanzale e stende un braccio nel vuoto.

«A questo punto ti chiederei, o Pitagora,» continua Archita «dove andrebbe a finire questo braccio se non ci fosse ancora un pezzettino di universo?»[21]

Pitagora stenta a credere alle sue orecchie: qualcuno ha osato interromperlo! Volendo, potrebbe anche ammazzarlo. Una volta, solo perché uno dei suoi discepoli, un certo Ippaso, aveva parlato senza permesso, lo aveva fulminato a distanza, adoperando unicamente lo sguardo.[22] Un'altra volta, morso da un serpente velenoso, lo aveva morsicato a sua volta, uccidendolo all'istante.[23]

Nicotas, però, si rende conto della situazione e, da buon moderatore, provvede subito a calmare le acque.

«Se non erro, o Divino,» chiede umilmente a Pitagora

[19] Filolao, fr. 4.
[20] Diogene Laerzio, *Vite dei filosofi*, VIII 25.
[21] Simplicio, *Commento alla fisica di Aristotele*, 467, 26.
[22] Giamblico, *De comm. mathem.*, 25, 77, 18.
[23] Apollonio, *Mirabilia*, 6.

«non avevi ancora finito di esporre il tuo pensiero. Perdona l'esuberanza del giovane Archita e descrivici, se ne hai ancora voglia, il tuo universo!»

Nuova pausa, nuovo silenzio, nuovo *incipit.*

«Io, Pitagora, per l'aria che respiro, per l'acqua che bevo, non sopporterò alcuna obiezione su ciò che sto per dire!»

«E speriamo che nessuno lo interrompa più,» mormora tra sé e sé Nicotas «altrimenti chissà quante altre volte dovrò sorbirmi questa lagna.»

«Nella mia opera *Il Tutto,*» continua imperterrito l'Apollo Iperboreo «è chiaramente specificato che al centro dell'universo non c'è la Terra, come voi finora avete affermato, bensì il Fuoco, e che intorno a esso ruotano incessantemente gli astri maggiori.»

«E quali sarebbero questi astri maggiori?» chiede Melisso.

Pitagora non risponde subito (come d'altronde è sua abitudine). Attende che il silenzio ridiventi assoluto, dopodiché elenca quelli che a suo dire sarebbero i maggiori corpi celesti.

«La Terra, la Luna, il Sole, i cinque pianeti vaganti, il cielo delle stelle fisse, e un pianeta invisibile chiamato Antiterra.»

«Un pianeta invisibile! E perché invisibile?»

«Perché si trova al di là del Fuoco, in posizione diametralmente opposta alla Terra» risponde serissimo l'Eccezionale. «È un pianeta in tutto e per tutto identico al nostro, con le stesse montagne, gli stessi fiumi, gli stessi mari e gli stessi abitanti.[24] Anche lì c'è un grande Pitagora che parla, e anche lì c'è un piccolo Eraclito che

[24] Aristotele, *De caelo,* II 13, 293a, 18.

ascolta, fingendo di non ascoltare. Ma non basta: i dieci astri maggiori emettono una musica meravigliosa, che l'orecchio umano non può sentire.»

«E perché non la può sentire?» chiedono alcuni.

«Perché, essendo continua, finisce per confondersi col silenzio.»

A quel punto tutti tacciono nella vana speranza di sentire la «musica del silenzio». Dalla finestra aperta, però, non giunge altro che il suono di un clacson sperso nella costiera.

«Adesso, toccherebbe a Eraclito...» azzarda Nicotas.

«Ma il "piccolo" Eraclito non ha nulla da dire!» gli risponde ironicamente l'Oscuro.

«Ma perché non vuoi illuminarci?» chiede ancora il padrone di casa.

«Perché i "grandi" possano parlare più a lungo.»[25]

«Ascoltami, o figlio di Blosone» insiste Nicotas, quasi supplicandolo. «Noi abbiamo letto il libro *Sulla Natura* e conosciamo la tua venerazione per il Fuoco. Siamo inoltre entusiasti all'idea che qualcuno possa spiegarci la teoria del *Divenire*. Ma mettiti nei nostri panni: come rinunciare al piacere di sentirla direttamente dall'autore, e in un convegno così prestigioso come quello che siamo riusciti a organizzare questa notte? E allora, sii cortese! Per una volta accetta di parlarne in pubblico, ed esponi il tuo pensiero in modo che tutti poi ne possano dare un giudizio!»

L'accorato appello insperatamente raggiunge il suo scopo. Eraclito prima borbotta qualcosa di poco comprensibile, poi comincia a parlare, sempre, però, dando

[25] Diogene Laerzio, *Vite dei filosofi*, 9, 1, 12.

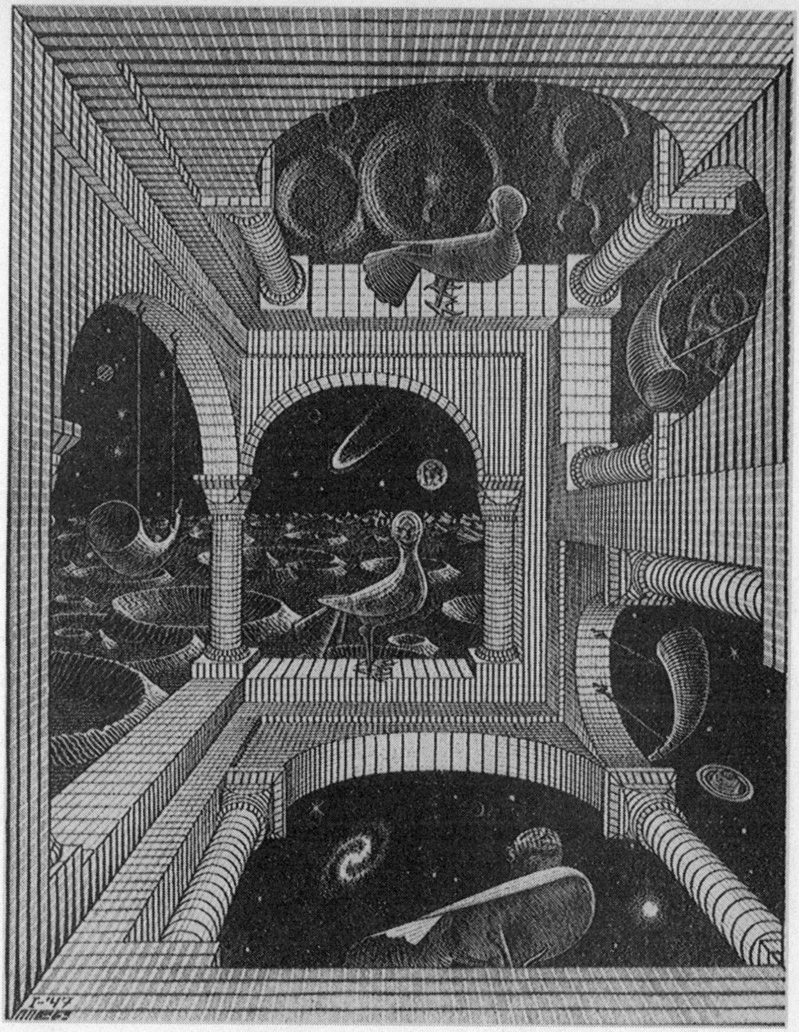

Un pianeta invisibile chiamato Antiterra.

M.C. Escher, *Altro mondo*.

le spalle all'uditorio e mantenendo lo sguardo fisso sul fuoco.

«A essere sinceri, ero venuto qui solo per sentire,» inizia a dire «ma dal momento che non ne potete proprio fare a meno, eccovi la verità...»

Pausa, e silenzio assoluto. Se possibile, ancora «più assoluto» di quello che ha accompagnato l'intervento di Pitagora.

«Che cosa è più nobile per voi, o più volgare, se preferite,» chiede Eraclito ai presenti «salire verso l'alto o scendere verso il basso?»

Nessuno fiata, anche perché, in verità, la domanda non è molto chiara.

«Che senso ha» si chiede Nicotas «parlare di nobiltà del salire, o di volgarità dello scendere?»

«Vuoi forse alludere all'alto e al basso dei sentimenti?» domanda a Eraclito. «O al comportamento dei cittadini nei confronti della *Polis*? O all'insieme di quelle regole che dovrebbero far da guida agli animi eletti?»

Ma l'Oscuro prosegue imperterrito.

«È più nobile, per voi, inerpicarsi per ardui sentieri, o razzolare nei bassifondi? Raggiungere i livelli superiori della ragione, o degradarsi fino a sprofondare negl'infimi strati del piacere?»

Il primo a protestare è Talete.

«Le tue domande, o Eraclito di Efeso, sono a tal punto scontate da non meritare alcuna risposta. Sei forse diventato un predicatore dell'ovvio? Sono io, Talete di Mileto, che te lo chiedo.»

«E io a Talete di Mileto rispondo: non è l'ovvio che mi spaventa, ma la superficialità dei miei simili! Se ti è così chiara la superiorità dell'alto, spiegami allora perché preferisci l'Acqua al Fuoco? Non ti sei accorto che la prima, non appena può, cerca la strada verso il basso, laddove il secondo tende sempre le braccia al cielo?»

«Ma io, Talete, non ho detto che devi venerare l'acqua come se fosse una Divinità. Ho semplicemente avanzato l'ipotesi che sia stata l'origine dell'universo. Se poi tu preferisci dare questo merito agli Dei...»

«Niente di più inesatto,» lo interrompe Eraclito «il Cosmo non fu creato dagli Dei, ma dal Fuoco che, come tutti sanno, divampa e scema secondo misura...»[28F]

«E che vuol dire "secondo misura"?» sbotta Melisso, che da quando Eraclito ha cominciato a parlare dà chiari segni d'insofferenza.

Silenzio da parte di Eraclito: evidentemente anche lui, come Pitagora, non ama essere interrotto.

Nicotas dà uno strattone a Melisso, come a dirgli: "Che ti salta in mente di interloquire!". Quindi, col tono più gentile che gli riesce di trovare, ripete la domanda.

«Cosa vuol dire "secondo misura"?»

«Che non va mai oltre il limite imposto dal *Logos*» spiega Eraclito. «In caso contrario verrebbe scovato e punito dalle Erinni.[33F] Così facendo, il Fuoco genera le stagioni e dà origine all'estate, all'inverno, all'autunno e alla primavera.[35F]»

«Sai che scoperta!» vorrebbe esclamare Archita, ma un'occhiataccia di Nicotas lo blocca appena in tempo.

«All'inizio della nostra èra,» continua Eraclito «il Fuoco si mutò in mare.[25F] In un secondo momento, la metà di questo mare si mutò in terra e l'altra metà in aria.[29F] I confini dell'universo sono, da una parte l'Aurora e il Vespero, e dall'altra l'Orsa e Zeus rifulgente.[34F]»

Evidentemente, Eraclito parla dei punti cardinali: dell'Est e dell'Ovest, e cioè dell'Aurora e del Vespero. Poi del Nord e del Sud.

«Ma quanto è grande l'universo?» chiede ancora Ar-

È finito e infinito nel medesimo tempo:
è come un drago che si sta mordendo la coda.

M.C. Escher, *Drago*.

chita, del tutto incapace di star zitto per più di cinque minuti.

«È finito e infinito nel medesimo tempo. È come un drago che si morde la coda» risponde Eraclito, anticipando così Einstein di venticinque secoli.

Quest'ultima affermazione lascia tutti a bocca aperta, a eccezione di Talete che, ancora in crisi per l'attacco subìto un attimo prima, ne approfitta per apostrofare l'Oscuro.

«Io, Talete di Mileto, chiedo a te, Eraclito di Efeso: cosa intendi dire quando parli di "finito e infinito nel medesimo tempo"? A mio avviso, se un qualcosa è finito, non può essere anche infinito contemporaneamente: anche un fanciullo lo capirebbe! Ciò detto, se lo scopo che ti prefiggi è quello di stupirci, ci sei senz'altro riuscito, ma se è la verità che stai cercando, sappi che ne sei ancora lontano. È Talete di Mileto che te lo dice.»

«Voglio dire,» precisa Eraclito «che tutto deve essere visto con gli occhi flessibili della mente, giacché la natura ama nascondersi.»[57F]

E qui il filosofo di Efeso cerca di spiegare il suo relativismo.

«Gli asini preferiscono lo strame all'oro.[21F] I porci amano più il limo delle pozzanghere che l'acqua pura delle fonti,[22F] ragione per cui per lavarsi usano il fango, così come le galline preferiscono rotolarsi nella cenere...[23F]»

«E questo che c'entra?»

«C'entra perché non dobbiamo commettere l'errore di giudicare le cose secondo i criteri umani.[65F] Io non contesto voi come persone, ma le vostre opinioni errate. Anche il più stimato degli uomini può avere, suo malgrado, una opinione lontana dal vero.[46F]»

«Meglio così» interviene Nicotas. «Adesso, però, consenti a Empedocle di raccontarci la sua teoria dell'evoluzione.»

Si alza Empedocle. Indossa una tunica di porpora, una cintura d'oro, i sandali di bronzo, e una corona delfica in onore di Apollo: è il Darwin dell'epoca classica.

«All'inizio dei tempi, Fuoco, Aria, Acqua e Terra cercarono di combinarsi fra loro nella vana speranza di generare gli esseri viventi. I primi tentativi furono penosi: si videro vagare tempie senza collo, braccia prive di spalle, occhi solitari senza fronti, piedi striscianti muniti di mani, stirpi bovine con volti umani e stirpi umane con volti bovini. In pratica, un mondo di mostri le cui parti non erano state assemblate da una mente ordinatrice, ma dalla più caotica e assoluta casualità.[26] Si videro strisciare animali con sei gambe, altri con otto gambe, altri ancora con quattro occhi e senza testa. Con il passare del tempo, però, i miscugli peggio assortiti perirono, e quelli le cui membra si accordavano meglio restarono in vita. Nasce così il genere umano. A formarlo furono due divinità: Eros ed Eris (Amore e Discordia). Erano come due cuochi costretti a cucinare con solo quattro ingredienti. A volte fu Eros ad avere il sopravvento, e in quel caso le creature si desiderarono l'un l'altra.[27] Altre volte, invece, fu Eris a prevalere, e allora si odiarono a vicenda. Nel primo caso fu l'Essere Parmenideo a regnare indisturbato, nel secondo il Divenire di Eraclito. Empedocle ha detto.»

«Grazie, Empedocle, per questo tuo intervento ricco di immagini suggestive» applaude Nicotas. «Adesso, però, vorremmo sapere da Eraclito come s'immagina il

[26] Fr. 57 Diels-Kranz 7, 1-12 Gavallotti.
[27] Fr. 22 Diels-Kranz 4, 37-45 Gavallotti.

Si videro vagare, infelici ed errabondi, tempie senza collo,
braccia senza spalle, occhi solitari senza fronti,
piedi striscianti muniti di mani.

M.C. Escher, *Gravità*.
(© 1989 Cordon Art, Baarn, Olanda.)

Sole e le altre stelle. Sappiamo che è stato a lungo sui monti e riteniamo che abbia visto molte notti stellate.»

Eraclito prende tempo, riattizza il fuoco nel camino, poi, quasi come se stesse parlando a se stesso, comincia a dire:

«Il Sole è grande così come appare:[28] sembra che abbia una gobba perché è fatto a conca.[29] A volte questa conca ruota e allora succede che la parte cava si volge verso l'alto, mentre quella convessa si volge verso il basso. In questi casi si hanno le eclissi.[30]»

«E la Luna?» chiede Archita.

«Anche la Luna è fatta a conca e anche la Luna ha le sue brave eclissi.»[31]

Nicotas a questo punto si accorge che Anassagora non ce la fa più ad attendere il suo turno, ragione per cui, fattosi coraggio e profondendosi in ringraziamenti, toglie la parola a Eraclito per darla al maestro di Pericle.

«Grazie e ancora grazie, o Eraclito, per averci illuminato. Ora tocca ad Anassagora, al nostro Anassagora, esporre il suo pensiero.»

Noùs, la Mente, come lo chiamavano gli Ateniesi, si guarda intorno perplesso: a suo modo di vedere, il dibattito è troppo terra terra per uno del suo calibro. Troppi convocati, e non tutti dello stesso livello: quell'Archita, per esempio, chi lo aveva invitato? E anche Melisso, a ben guardare, non poteva essere considerato un filosofo; era un ammiraglio, e gli ammiragli, si sa, non sono inclini al pensiero speculativo. Pazienza per i vecchi di Mile-

[28] Diogene Laerzio, *Vite dei filosofi,* IX 1, 7.
[29] Aezio, 22, 2, 352.
[30] Aezio, 24, 3, 354.
[31] Aezio, 27, 2, 358.

to: quelli, oramai, appartenevano alla storia. Sugli altri, però, si sarebbe dovuto essere un po' più selettivi. Adesso, comunque, non restava che far buon viso a cattivo gioco e spiegare l'universo nel modo più semplice possibile, ammesso e non concesso che ci fosse qualcuno tra i presenti in grado di capire.

«All'inizio c'erano solo le *omeomerie*, ovvero le sostanze primordiali ammucchiate alla rinfusa, e in questo sono d'accordo con Eraclito quando dice che "La vita è un fanciullo che sposta a caso i pezzi di una scacchiera".[36F] Tutto, infatti, nei primi tempi, accadde casualmente, nel senso che avrebbe potuto accadere e non accadere. Poi arrivò l'Intelletto e centrifugò le *omeomerie:* quelle pesanti, compatte, umide, fredde si riunirono al centro, diventando Terra. Quelle leggere, asciutte, chiare e calde, si spinsero in periferia e generarono l'etere.[32] Non lasciatevi, però, fuorviare dalle apparenze: in ogni cosa, per quanto piccola, sono presenti tutte le *omeomerie.* E quando dico che le leggere si spinsero in periferia e le pesanti al centro, questo vale per la maggioranza di esse: le altre, invece, s'infilarono dappertutto. Se in un tavolo vediamo solo le *omeomerie* del legno, è perché quelle del legno sono in maggioranza e si sono disposte all'esterno, in prima fila. All'interno, però, troveremo tutte le altre. Se così non fosse, non si spiegherebbe come, mangiando della carne, questa poi, una volta digerita, si trasformi in ossa, nervi, pelle, unghie, ali e perfino corna. È evidente, quindi, che da un capello possa nascere un non-capello.»[33]

«Ti ringrazio, o Mente, di averci parlato delle *omeome-*

[32] Cfr. *I presocratici*, ed. Laterza, p. 607.
[33] Cfr. *I presocratici*, ed. Laterza, p. 574.

Si videro strisciare animali con otto gambe.

M.C. Escher, *Case di scale*.

rie» conclude Nicotas. «Nulla però ci hai detto degli astri. Com'è fatto il Sole? E com'è fatta la Luna? Come nascono le Stelle? So che hai passato molte notti sul monte Mimante a studiarle.[34] Cosa ne hai potuto dedurre?»

«Gli astri sono pietre infuocate che ruotano vertiginosamente nel cielo, finché un improvviso rallentamento non li fa cadere sulla terra.[35] Io stesso, una volta, ho previsto una di queste cadute.[36] La Luna, invece, è una pietra fredda e riceve la luce dal Sole.[37] La sua orbita, essendo più bassa di quella del Sole, di tanto in tanto provoca le eclissi.[38] Un giorno dalla Luna cadde un leone chiamato Nemeo.[39] Essa, infatti, è abitata, proprio come la Terra, e possiede montagne, colline, burroni e case.[40] I venti nascono dalla rarefazione dell'aria riscaldata dal Sole.[41] I tuoni dalle nuvole che si scontrano. I terremoti dalle masse d'aria imprigionate nel sottosuolo. Le comete sono pianeti infiammati che lasciano dietro di sé una coda di scintille.[42] Il Sole è più grande del Peloponneso.[43]»

Democrito, intanto, scuote la testa, e sente sempre più il bisogno di ricondurre il dibattito su basi scentifiche: lui, in effetti, in quel consesso, è l'unico ad avere una preparazione adeguata. Non a caso ha avuto come maestro Leucippo, il primo ad aver avanzato l'ipotesi dell'atomo,

34 Filostrato, *Vita di Apollonio di Tiana*, I6, 57.
35 Ippolito, *Confutazione di tutte le eresie*, I88, 6 9.
36 Anassagora, infatti, era noto come «quello che predisse la caduta di una pietra dal cielo». (Plinio, *Storia naturale*, II 149-150.)
37 Plutarco, *Il volto sul disco della Luna*, 16 929 B.
38 Ippolito, *Confutazione di tutte le eresie*, I 8, 9.
39 Cfr. *I presocratici*, ed. Laterza, vol. II, p. 585.
40 Cfr. *I presocratici*, ed. Laterza, vol. II, p. 587.
41 Ippolito, *Confutazione di tutte le eresie*, I 8, 11.
42 Diogene Laerzio, *Vite dei filosofi*, II 9.
43 Cfr. *I presocratici*, ed. Laterza, vol. II, p. 585.

inteso come il più piccolo elemento in natura, non ulteriormente divisibile.[44]

«La realtà, signori miei,» interviene Democrito «è costituita dagli atomi e dal vuoto.[45] Gli atomi sono dei corpuscoli, infiniti di numero, assolutamente compatti, e quindi indivisibili, uguali per qualità ma diversi per forma geometrica e grandezza. Ci sono quelli a forma di cubo, di piramide e di dodecaedro, e via dicendo. Ci sono poi quelli a forma di sfera che compongono l'anima.»

«E il vuoto?»

«Il vuoto, al contrario della "cosa", è una non-cosa (un *oudén*), che in tanto esiste in quanto esiste qualcosa (*to hén*). Basta tagliare una mela con un coltello, per rendersi conto che tra gli atomi che la compongono c'è di mezzo il vuoto, altrimenti la lama non saprebbe dove penetrare.»

«Non metto in dubbio quanto ci dici, o Democrito, ma sono costretto a chiederti: "Chi ha generato gli atomi? Un Dio? Oppure è stato il Fuoco, come c'insegna il qui presente Eraclito?".»

L'obiezione è di Nicotas, ma, dal mormorio di consenso che riscuote, sembra che tutti siano d'accordo sulla importanza del quesito. Democrito, comunque, non si scompone più di tanto.

«Gli atomi sono eterni, non sono mai nati e mai moriranno:[46] essi ruotano in un turbine (*dìnos*) e di tanto in tanto si urtano. Nascono così i rimbalzi (*apopàllesthai*), i contraccolpi (*synkroùesthai*), le scosse (*palmoi*) e gli sfioramenti (*epìspaseis*), dando luogo ai composti che poi,

44 Atomo, in greco, è composto da *a* privativo e *tomè* che vuol dire «taglio».

45 Cfr. *I presocratici*, ed. Laterza, vol. II, p. 681.

46 Plutarco, *Stromata*, 7.

nella fattispecie, sarebbero gli oggetti che troviamo in natura.»

«Abbi pazienza, o maestro,» insiste Nicotas «c'è un punto della tua teoria che non mi convince.»

«Di' pure, o Nicotas.»

«All'inizio c'erano gli atomi, ma non c'erano ancora gli oggetti. Debbo supporre, quindi, che gli atomi procedessero su traiettorie parallele, altrimenti si sarebbero scontrati anzitempo e avrebbero finito col generare il creato. A questo punto mi chiedo: come avvenne il primo scontro? Chi fece deviare il primo atomo dando origine ai primi rimbalzi?»

«Ci fu, in effetti, un'inclinazione[47] che fece scontrare due atomi tra loro. Questa inclinazione, però, non fu dovuta all'Amore e alla Discordia, come dicono alcuni, ma al Caso.»

«Sarà» conclude Nicotas. «Ora, però, si è fatto tardi. La notte è trascorsa in un baleno, senza che nemmeno ce ne rendessimo conto. Che ognuno torni a casa e mediti su quanto è stato detto.»

Tutti escono commentando le varie ipotesi, in particolare le ultime due, quelle di Anassagora e di Democrito. L'unico a non dare confidenza a nessuno è, come al solito, Eraclito. Lui esce leggermente staccato dal gruppo, guarda il sole che è appena sorto e sussurra:

«Se non ci fosse il sole, sarebbe notte.»[32F]

[47] Epicuro la chiamerà *parénklisis,* e Lucrezio Caro *clinamen.*

XI
Sapere

Si sono fatte le cinque del mattino. Eraclito non ha più voglia di andare a dormire. Io invece casco dal sonno. Inutilmente gli propongo di tornare all'hotel San Pietro. Mi risponde che sono venticinque secoli che gode l'eterno riposo e che adesso vuole rivedere un'alba in riva al mare. Inutilmente gli spiego che da Positano l'alba non si vede, che il sole nasce dietro le montagne di Agerola. Lui continua a raccontarmi di quella volta che andò a Epidauro e che vide il disco del sole uscire dall'acqua, bello e invincibile, neppure bagnato. «Era il simbolo» mi dice «dell'assoluto predominio del Fuoco!»

Lo porto allora sulla spiaggia di Marina Grande: che si convinca di persona sulle qualità delle albe positanesi, a patto però che dopo mi lasci dormire in pace. Vuol dire che mi getterò su uno degli innumerevoli lettini prendisole allineati sul bagnasciuga.

E. «Di chi sono questi giacigli?»

D. «Di uno stabilimento balneare. Tra qualche ora verranno presi d'assalto.»

E. «Da chi?»

D. «Dai bagnanti.»

E. «Per farne cosa?»

D. «Per prendere il sole.»

E. «Il sole d'estate?»

D. «Sì, d'estate. Perché ti meravigli?»

E. «Perché fa molto caldo e sarebbe più logico che i tuoi concittadini cercassero l'ombra. Capirei se fosse inverno!»

D. «D'inverno preferiscono andare sulle nevi.»

E. «Allora sono ancora più stupidi degli Efesii: quando fa caldo si sdraiano al sole, e quando fa freddo vanno sulle nevi! Se lo racconto a quelli del Limbo, nessuno mi crede.»

D. «Dipende: se lo racconti a un mio contemporaneo, ti crede senz'altro; se è un filosofo della tua epoca, è più difficile che lo accetti. Ma, a proposito, stando nel Limbo hai conosciuto molti filosofi?»

E. «Impossibile evitarli: stanno tutti lì.»

D. «E che idea ti sei fatta di loro, o, per meglio dire, della filosofia in genere? Anzi, sapresti dirmi che cosa è la filosofia?»

E. «Non è facile definirla, ma ci si può provare: supponiamo di dividere tutte le possibili argomentazioni in tre grandi categorie: quelle che si credono, quelle che si sanno, e quelle che non si sanno.»

D. «D'accordo, e poi?»

E. «Quelle che si credono fanno parte della religione; quelle che si sanno, della scienza; e quelle che non si sanno, della filosofia.»

D. «Ne debbo dedurre che il filosofo è uno che non sa, per definizione.»

E. «Proprio così: è un ignorante volontario. È uno che dovrebbe iniziare ogni discorso con la parola "forse".»

D. «Non come Pitagora, quindi.»

E. «Pitagora non è un filosofo, è un religioso... anzi, è il capo di una setta religiosa.»

D. «E Socrate?»

E. «Apparentemente potrebbe essere un filosofo.»

D. «Perché "apparentemente"?»

E. «Perché a parole finge di non sapere, ma nei fatti è di una presunzione infinita. A leggere Platone sembra che sia l'unico a possedere le chiavi della verità, e che tutti gli altri siano una massa di minorati mentali brancolanti nel buio. Non riesco a immaginare nulla di più umiliante che fare l'interlocutore di Socrate in uno dei suoi *Dialoghi*! Sempre lì pronto a dire: "Dici bene, o Socrate", "Proprio così, o Socrate", "È vero quanto affermi, o Socrate". Dio, che voltastomaco!»

D. «Sì, ma quella è la tecnica della maieutica: partire dal buio per arrivare alla luce.»

E. «D'accordo, ma così dicendo, Socrate vuol far credere di essere il solo a conoscere la verità, o quanto meno la direzione per arrivarci.»

D. «Sei troppo severo: a un maestro si può perdonare un pizzico di presunzione.»

E. «Nossignore: il vero maestro ha l'obbligo di restare allievo. Un giorno, a Elide, intorno a Pirrone si formò un gruppo di pensatori. Io ne ricordo tre in particolare: Timone da Fliunte, Ecateo di Abdera e Nausifane da Teo. La loro divisa era quella di cercare sempre e di non trovare mai. La gente, quando li vedeva, li mostrava a dito e li chiamava *zetetici*.[1] Praticavano l'*apateia*, l'*epochè* e l'*aporein*, e cioè il distacco dalle passioni, la sospensione del giudizio e il dubbio continuo. Quelli sì che erano filosofi, altro che quei tre sapientoni di Socrate, Platone e Aristotele!»

D. «Chissà perché i filosofi danno sempre l'impressio-

[1] In greco *zetein* vuol dire «cercare», *epochè* «sospensione» e *aporein* «dubitare».

ne di essere i depositari del Verbo. Io, da ragazzo, al liceo, mi entusiasmavo a ogni pensatore. "Ecco uno," esclamavo "che ha capito tutto!". Salvo poi a cambiare idea, non appena passavo al filosofo successivo.»

E. «Questo perché ti facevi sedurre dalla forma e trascuravi i contenuti.»

D. «Cosa intendi per "forma"?»

E. «Molti dei nostri intellettuali, per meglio nascondere la puzza della propria ignoranza,[67F] ricorrono ai profumi della "forma", il che comporta molti pericoli.»

D. «Quali?»

E. «Quelli di farti allontanare dal *Logos* e di confondere il Vero col Bello.»

D. «Non è che ci ho capito molto, però vorrei sapere perché ce l'hai tanto col Bello.»

E. «Perché distrae.»

D. «Fammi un esempio.»

E. «Questa sera hai conosciuto Nicotas Zoramuzio. Ebbene, secondo te, è bello?»

D. «Chi, Nicotas? Beh, proprio bello, direi di no. Però, è molto bravo...»

E. «Questo vuol dire che nella scelta del presentatore ha prevalso il *Logos*. La presentatrice bionda, invece, che stava su quel canale Rai era bellissima, ma non era affatto brava. Questo vuol dire che gli uomini vengono scelti in funzione dei contenuti, e le donne in funzione delle forme, il che, oltre a essere ingiusto, rappresenta un addio al *Logos*!»

D. «Siete in molti a odiare il Bello.»

E. «Quasi tutti: Diogene, per esempio, lo detestava. Un giorno fu invitato a una festa nella più bella casa di Atene. Dovunque si vedevano oggetti eccezionali: tappeti, mobili, soprammobili, quadri. Tutto era bellissimo, anche le quisquilie. D'altra parte, non c'era oggetto che non fosse stato scelto personalmente dal padrone di casa, che, oltre a essere il più ricco dei Greci, era anche un uomo dai gusti raffinati.»

D. «E allora?»

E. «E allora Diogene entrò, si guardò in giro, e sputò in faccia al padrone di casa. "Scusami," gli disse, mentre lo ripuliva col mantello, "ma avevo bisogno di sputare e la tua faccia è l'unica bruttura che ho trovato in questa casa!"»

D. «Molto divertente; però, adesso, guarda quanto è bella l'alba! Il sole si è appena alzato, l'aria è sottile, e da qualche parte arriva anche un vago profumo di zagare. Non trovi che sia un'alba magica?»

E. «Non per il pescatore.»

D. «Perché non per il pescatore?»

E. «Perché vive momenti simili ogni giorno. Noi in Grecia la chiamiamo *synetheia*.»

D. «E noi *routine*.»

E. «Al pescatore la bellezza del mattino non dice più nulla: lui, ormai, non ne può più delle albe magiche, ne farebbe volentieri a meno. È la curiosità che crea l'interesse, ed è la sazietà che lo distrugge!»[2]

D. «Vabbè, questo capita a tutti: chiunque prova un piacere più volte di seguito, per quanto forte esso sia, corre il rischio di assuefarsi.»

E. «Non colui che ha scelto il sapere come obiettivo della vita.»

D. «Perché?»

E. «Perché il sapere non ha confini: è un mare senza fondo solcato da un'infinità di domande.»

[2] Eraclito sostiene che il Fuoco è dotato d'intelligenza e che è la causa dell'ordinamento del mondo. Lo chiama inoltre: «Bisogno e sazietà». Bisogno quando costruisce, sazietà quando distrugge. (Ippolito, *Confutazione*, p. 243, 19-24 Wend.)

D. «... e quindi anche da un'infinità di risposte.»

E. «Le risposte non sono mai così importanti come le domande. Guai il giorno in cui non ci fossero domande! Per nostra fortuna il Fuoco, nella sua immensa saggezza, ce ne fornisce una scorta inesauribile. La qualità del filosofo non risiede nella conoscenza ma nella curiosità.»

D. «D'accordo, ma non è frustrante ricominciare sempre da capo?»

E. «Al contrario: è frustrante non aver nulla da cercare. Sisifo, e di questo sono sicuro, era felicissimo quando vedeva il masso cadere a valle. Era la condizione indispensabile per ricominciare tutto da capo. Il desiderio, finché ha la fortuna di restare inappagato, rende la vita degna di essere vissuta.»

D. «Questo poteva andar bene per un uomo del V secolo avanti Cristo. Oggi l'uomo del Duemila ha bisogno di sicurezze. Pianifica il suo tempo e si affida alle previsioni.»

E. «Stento a crederlo! Il dono più bello che ha avuto l'uomo dagli Dei è stato l'ignoranza del futuro, e lui che fa? La rifiuta.»

D. «Non solo la rifiuta, ma fa di tutto per conoscere in anticipo il futuro. La mattina, quando compera un giornale, come prima cosa si precipita a leggere l'oroscopo.»

E. «Peggio per lui: la Sibilla con la bocca della follia dà suono a parole che non hanno né sorriso, né abbellimento, né profumo.»[51F]

D. «Mi sbaglio, o tu ce l'hai con tutti quelli che credono, con i religiosi, ad esempio?»

E. «Niente affatto; sono convinto, anzi, che il credere sia la premessa indispensabile del conoscere, a patto, però, che venga seguito, come un'ombra, dal dubbio. Se all'inizio non si crede, non si riesce nemmeno a prestare

È un mare senza fondo solcato da un'infinità di domande.

M.C. Escher, *Profondità*.

l'attenzione necessaria. L'importante, però, è che dopo un'iniziale adesione, si cominci a dubitare.»

D. «Ascoltami, o Eraclito: in merito alle cose che non si sanno, io, in questo momento, posseggo solo due strade: la religione e la filosofia, come dire la fede e il dubbio. Tu però, trovandoti nel Limbo, sai già tutto: potresti, quindi, darmi una mano.»

E. «In che modo?»

D. «Anticipandomi qualcosa di ciò che hai saputo.»

E. «Fammi delle domande.»

D. «Cominciamo con la numero uno: esiste Dio?»

E. «Sì, esiste.»

D. «E com'è? È come noi? Ha la barba?»

E. «Nossignore, è come il fuoco, anzi, è il Fuoco.»[3]

D. «E ciò che accade è dovuto a una sua precisa volontà o al Caso?»

E. «Dio e il Caso sono la medesima persona.»

D. «Sì, però, Dio lo posso pregare, il Caso no.»

E. «Pregare è del tutto inutile: quello che deve avvenire è già avvenuto, ed è stato stabilito una volta per tutte dal Fuoco.»

D. «Questo l'ho capito, ma i destini, Dio li ha stabiliti o li ha sorteggiati?»

E. «Li ha prima stabiliti, e poi, in un secondo momento, sorteggiati.»

D. «Quanto mi dici, mi ricorda una frase di Anatole France: "Il Caso è lo pseudonimo scelto da Dio quando non vuole firmarsi di persona".»

[3] Secondo Eraclito, Dio è il fuoco ciclico ed eterno, e il Fato è il Logos, che nel moto degli opposti è artefice delle cose. (Aezio, *Doxa*, I 7, 22.)

XII
Frammenti

1. Polemos è il padre di tutte le cose e il re di tutti gli esseri: alcuni di essi li fece Dei, altri uomini, altri schiavi, e altri ancora liberi.
Ippolito, *Confutazione di tutte le eresie*, 9, 9, 4.
(D 14) (C A19) (DK B53)

2. Non bisogna mai dimenticare che la guerra è comune a tutte le cose, che la giustizia viene fuori dalla lotta, e che tutto accade secondo contesa e necessità.
Origene, *Contro Celso*, 6, 42.
(D 15) (C A7) (DK B80)

I comuni mortali se non si agitano non si divertono. Per loro la guerra, intesa come lotta per il raggiungimento di un obiettivo, è ragione di vita. Prendiamo il caso di Silvio Berlusconi: agli inizi del '94 era un uomo ricco, potente, sposato a una bellissima donna, e da tutti riverito. In altre parole non gli mancava nulla per essere felice. Eppure, si è andato a cacciare nei casini della politica per poter ancora lottare, vincere e magari, al limite, soccom-

N.B. I numeri tra parentesi, sotto ciascun frammento, indicano le numerazioni adottate da Diano, Colli e Diels-Kranz.

bere. Gli esseri superiori, invece, si distinguono per la loro capacità di saper vivere l'ozio restando immobili. Questo i Greci e i Romani lo avevano a tal punto assimilato, da giudicare l'*otium* una delle più alte manifestazioni dell'animo umano.

3. L'intero e il non intero, il convergente e il divergente, l'armonico e il disarmonico, si toccano. Da tutte le cose ne sorge una sola, e da una sola possono sorgere tutte.
Pseudo-Aristotele, *Sul mondo*, 396 b 20-22.
(D 19) (C A27) (DK B10)

Volendo sintetizzare questo frammento in una proporzione, potremmo dire che Parmenide sta a Tolomeo come Eraclito sta a Copernico. La concezione tolemaica, infatti, sosteneva che l'andare d'accordo è un bene e il litigare è un male. Per Copernico, invece, era vero il contrario: l'immobilità è morte, l'opposizione è vita.

4. Immortali mortali, mortali immortali, viventi la morte di quelli, morenti la vita di questi.
Ippolito, *Confutazione*, 9, 10, 6.
(D 21) (C A43) (DK B62)

Frammento di difficile interpretazione. Volendo, potrebbe addirittura essere il manifesto dei sostenitori della reincarnazione. Restando con i piedi per terra, invece, diciamo che, pur essendo mortali, grazie alla cultura, abbiamo la possibilità di conoscere, e quindi di rivivere, le vite di coloro che ci hanno preceduto, così come potremmo continuare a vivere in coloro che ci seguiranno.

5. Ciò che si oppone converge, e la più bella delle trame si forma dai divergenti, giacché tutte le cose si formano secondo contesa.
Aristotele, *Etica nicomachea*, 1155 b 4-6.
(D 24) (C A5) (DK B8)

Come ben sanno gli sceneggiatori, se in una trama non ci sono contrasti da superare, la storia langue, perde ritmo. Come dire che se non c'è *suspense*, lo spettatore si annoia. Immaginiamo un romanzo tipo *I Promessi Sposi* dove tutti vanno d'accordo: Renzo, Lucia, Don Rodrigo e don Abbondio. Chi mai lo leggerebbe?

6. (Alcuni) non capiscono come ciò che è armonioso possa entrare in contatto con ciò che non è armonioso. Eppure, la medesima cosa accade nell'arco e nella lira.
Ippolito, *Confutazione*, 9 ,9, 2.
(D 26) (C A4) (DK B51)

Lasciamo da parte l'arco e la lira, e prendiamo in esame l'amore. È possibile immaginare una storia d'amore senza contrasti? Un «tesoro, ti amo» a cui fa eco un altro «tesoro, ti amo», e tutto questo vita natural durante? Sarebbe di una noia abissale. La disarmonia, invece, grazie al cielo, lo rianima, lo rinvigorisce, gli dà sprint. Un litigio, poi una riappacificazione, poi un altro litigio, poi un'altra riappacificazione. Ah, quanto vorrei innamorarmi di nuovo per poter litigare!

7. L'armonia invisibile è più bella di quella visibile.
Ippolito, *Confutazione*, 9, 9, 5.
Plutarco, *Sulla generazione dell'anima nel Timeo*, 27.
(D 27) (C A20) (DK B54)

Nella mia vita, c'è una sola donna che non mi ha mai deluso: lei viveva a New York e io a Roma.

8 Il divino è giorno e notte, estate e inverno, guerra e pace, sazietà e fame; e, similmente al fuoco, ogni volta che viene mescolato a un profumo, prende un nome diverso.
Ippolito, *Confutazione*, 9, 10, 8.
(D 32) (C A91) (DK B67)

9. La malattia rende piacevole la salute. La fame gratifica la sazietà, la fatica il riposo.
Stobeo, *Florilegio*, 3, 1, 177.
(D 35) (C A111) (DK B111)

Gira e rigira, il pensiero di Eraclito si serve sempre dei contrasti per esaltare la vita: è la fatica a rendere piacevole il riposo, è il dolore a magnificare il piacere, è la fame a farci apprezzare il cibo. E a tale proposito, ricordo un litigio scoppiato a Napoli, in una trattoria, tra il proprietario del locale e un avventore. Materia del contendere: un piatto di spaghetti cotto non troppo al dente. A un certo punto l'oste guardò il cliente con una punta di commiserazione, e poi esclamò: «Il guaio nostro è che dobbiamo servire gente che non ha fame!».

10. Mutando riposa.
Plotino, 4, 8 I 14.
(D 33) (C A34) (DK B84)

Per ragioni di lavoro, ogni mattina, sono costretto a leggere classici latini e greci. Poi, all'ora di pranzo, guardo in televisione le ragazze di «Non è la Rai».

11. Le cose fredde si riscaldano, il caldo si raffredda, l'umido si dissecca, il riarso s'inumidisce.
Tzetze, *Scolii sull'Esegesi dell'Iliade.*
(D 41) (C A108) (DK 126)

E si potrebbe aggiungere che, con il tempo, anche il bello diventa meno bello, e il brutto meno brutto. Bellezza e bruttezza, infatti, sono caratteristiche dei primi approcci; in seguito tendono ad avvicinarsi. Provate a sposare una donna molto bella, o, che è poi lo stesso, una molto brutta; nel giro di una decina d'anni quella bella non vi sembrerà più così straordinaria, e quella brutta diventerà quasi passabile. Insomma, ci si abitua a tutto, anche ad Afrodite.

12. Pur chiamandosi «vita» *(bios),* la funzione principale dell'arco è la morte.
Etimologico alla voce *Bios.*
(D 49) (C A8) (DK B48)

Non esiste nulla che non sia, contemporaneamente, vita e morte. Le cime imbiancate di neve sulle Alpi, il mare tra le calli di Venezia e il Vesuvio a Napoli, sono nel medesimo tempo il bello e il brutto dei rispettivi panorami. Come altrettante spade di Damocle, incombono sotto forma di slavine, di acqua alta e di eruzioni. Solo un paesaggio privo di attrattive può indurre sonni tranquilli. Ma esiste?

13. La strada dei pittori può essere dritta e curva.
Ippolito, *Confutazione,* 9, 10, 4.
(D 29) (C A28) (DK B59)

La pittura è uno dei tanti mezzi inventati dall'uomo per trasmettere un'emozione; a volte ci riesce e a volte no. Perché l'arte abbia luogo, però, è necessario che il pittore sia un'anima sensibile e lo spettatore anche. Magari per il primo la strada sarà dritta e per il secondo curva, l'importante è che tutti e due se ne sentano rapiti.

14. Nel cerchio si concatenano il principio e la fine.
Porfirio, *Questioni omeriche*, «Iliade», 14, 200.
(D 30) (C A12) (DK B103)

Tutti ci siamo chiesti, almeno una volta nella vita, come è fatto l'universo: è finito o infinito? Ebbene, a detta degli scienziati, questo nostro mondo sarebbe finito e curvo; rassomiglierebbe, cioè, a una specie di palla a quattro dimensioni percorribile infinite volte. Einstein, per aggiungerci un tocco di spettacolarità, precisava che un uomo di buona vista, guardando innanzi a sé, e aguzzando lo sguardo, avrebbe potuto scorgere la propria nuca (*vedi* framm. 129).

15. La strada che va in su è la stessa che va in giù.
Ippolito, *Confutazione*, 9, 10, 4.
(D 31) (C A33) (DK B60)

Quando ero alle elementari mi chiedevo come facevano quelli del Polo Sud a vivere a testa in giù. Solo in terza mi venne spiegata la forza di gravità. Il problema, però, si ripresenta pari pari quando ci spostiamo nello spazio. Per chi viaggia tra le galassie, infatti, non solo non esiste un su e un giù, ma nemmeno una durata di tempo su cui riferirsi. Un anno vissuto sulla Terra, ad esempio, non coincide con un anno di vacanze trascorso nella costellazione di Andromeda. È duro ammetterlo, ma il nostro universo non possiede un straccio di Polo Nord o di Polo Sud, e soprattutto non ha un centro dove potersi dare appuntamento.

16. Negli stessi fiumi entriamo e non entriamo, siamo e non siamo.
Eraclito, *Questioni omeriche*, 24.
(D 16) (C A46) (DK B49a)

17. A coloro che entrano nei fiumi, continuano ad affluire acque sempre diverse.
Ario Didimo, *Preparazione evangelica*, 15, 20, 2.
(D 52) (C A44) (DK B12)

Ai tempi di Eraclito erano i fiumi a rappresentare il divenire, oggi è la televisione. Tutto quello che passa in Tv non lascia traccia. Giorni fa, insieme a mia figlia, guardavo un programma intitolato «Schegge». Abbiamo visto passare sul video Silvio Noto, Paolo Carlini, Emma Danieli, Edy Campagnoli e Renato Tagliani. Trent'anni fa erano famosi, oggi mia figlia trentenne non sa chi siano. A differenza del cinema e della letteratura, la televisione non ha posteri, è un libro che viene scritto, giorno dopo giorno, sulla sabbia.

18. Anche il ciceone si disgrega se non viene opportunamente agitato.
Teofrasto, *Sulla vertigine*, 9.
(D 18) (C A6) (DK B125)

Cosa diavolo è il ciceone? Da fonti degne di fede apprendiamo che sarebbe un cocktail religioso, detto *kykeon*, composto d'acqua, succo di menta e farina d'orzo, in uso presso i sacerdoti eleusini; in pratica, una schifezza. Ovviamente la farina si mischiava al resto solo se il beverone veniva sufficientemente agitato. In caso contrario, restava disgustosamente a galla. Comunque, a parte il ciceone, il frammento ci ricorda che tutto prima o poi è destinato a disgregarsi, e che quando questo avviene il primo sintomo è l'immobilità. Si disgrega l'uomo, il potere, la bellezza e perfino il libro. E come si fa a sapere quando un libro è morto? Quando sul banco del libraio non dà più segni di vita. In gergo editoriale si dice che «il titolo è calmo». Chi non è calmo affatto è, invece, l'autore, che si avvilisce e che spera in una possibile reincarnazione tra i Remainders.

19. Una volta nati, il loro primo desiderio è vivere e avere destini di morte, se non altro per potersi riposare. Il secondo desiderio è generare figli per creare altri destini di morte.

Clemente Alessandrino, *Stromata* 3, 14, I.
(D 50) (C A62) (DK B20)

Le stragi del sabato sera, le pasticche d'ecstasy, lo sdraiarsi di notte sullo spartitraffico, o sui binari di un treno, sono invenzioni dei giovani d'oggi, e forse anche di ieri (basta ricordarsi il James Dean di *Gioventù bruciata* e del gioco del burrone). Che vogliano uccidersi, fatti loro, che però finiscano con l'ammazzare anche qualcuno che non c'entra, che magari passava di lì per caso, francamente mi dà fastidio. A Mileto, un giorno, nel V secolo a.C., scoppiò un'«epidemia» di suicidi tra adolescenti. L'arconte allora deliberò che le ragazze suicide venissero esposte nude al centro dell'agora. Nessuna volle più suicidarsi.

20. (Nell'urtarsi) si stacca e si ritocca, si unisce e si separa, si avvicina e si allontana.
Plutarco, *Sugli oracoli della Pizia*, 18.
(D 17) (C A45b) (DK B91b)

A ben guardarla, anche la materia sembra pervasa da una grande voglia di far l'amore e di un'altrettanto grande voglia di libertà. Le molecole, sollecitate come sono dal secondo principio della termodinamica, si desiderano e si respingono. È innegabile, infatti, che ogniqualvolta siamo soli vorremmo avere compagnia, e che quando ci vediamo circondati da una folla vorremmo isolarci. A questo punto, però, vorrei chiedere agli amici e alle molecole: cos'è più difficile da sopportare per voi: la solitudine o l'oppressione? Londra o Napoli?

21. Potendo scegliere, gli asini preferirebbero le erbe secche all'oro.
Aristotele, *Etica nicomachea*, 1176a 7.
(D 98) (C A101) (DK B9)

22. I porci godono più nel fango che nell'acqua pura.
Clemente Alessandrino, *Stromata*, 1, 2, 2.
Ateneo, 5, 178 f.
(D 99) (C A22) (DK B13)

23. Per lavarsi i porci preferiscono rotolarsi nel fango, le galline nella polvere o nella cenere.
Columella, *De re rustica*, 8, 4.
(D 100) (DK B37)

Erbe secche, fango e cenere, malgrado siano spazzature, restano pur sempre sostanze naturali. Le firme degli stilisti, invece, sono inspiegabili: è strano, infatti, che, pur d'indossare un abito firmato, ci sia qualcuno disposto a pagarlo il triplo.

24. Tutte le cose sorgono da uno scambio con il fuoco, così come tutte le merci possono essere acquisite in cambio dell'oro.
Plutarco, *Sugli oracoli della Pizia*, 8.
Simplicio, *Fisica*, 23, 33.
(D 38) (C A29) (DK B90)

25. Ecco, nell'ordine, le mutazioni del Fuoco: prima si fece mare, poi per metà divenne terra e per l'altra metà soffio infuocato.
Clemente Alessandrino, *Stromata*, 5, 104, 3.
(D 39) (C A31) (DK B31A)

Eraclito, ovviamente, non sapeva nulla delle moderne teorie sulla nascita dell'universo, ma il fatto che all'inizio dei tempi il Fuoco (il Big Bang) avesse dato origine alla materia, e che successivamente la materia (la bomba atomica) si fosse trasformata in Fuoco, lo aveva intuito.

26. Con un balzo improvviso il Fuoco sentenzierà su tutte le cose e piomberà loro addosso, divorandole.
Ippolito, *Confutazione*, 9, 10, 7.
(D 116) (C A90) (DK B66)

Che un giorno (spero tra miliardi di anni) il Sole possa esplodere distruggendo tutto il sistema solare, può spaventarmi fino a un certo punto. Mi spiacerebbe solo per alcuni libri che andrebbero persi per sempre. Quali? Per quanto mi riguarda, i soliti tre: il *Simposio* di Platone, le *Memorie del sottosuolo* di Dostoevskij e la *Metamorfosi* di Kafka. L'unica speranza è che possano rinascere in un altro angolino dell'universo.

27. Il Fuoco guiderà l'universo.
Ippolito, *Confutazione*, 9, 10, 7.
(D 117) (C A87) (DK B64)

E chi guiderà il Fuoco? Gira e rigira torniamo sempre alla Domanda Numero Uno: chi sia stato il Primo a mettere in moto la baracca. Secondo una setta indiana, l'universo giacerebbe sul dorso di un elefante, che a sua volta poggerebbe su un'aquila, che a sua volta si sarebbe installata su una tartaruga. Guai, però, a chiedere a quelli della setta su cosa poggia la tartaruga: s'incazzano come bestie.

28. Il mondo che abbiamo intorno, e che è lo stesso per tutti, non lo creò nessuno degli Dei o degli uomini, ma fu, è, e sempre sarà, Fuoco vivente. Un bel Fuoco che divampa e si spegne secondo misura.
Clemente Alessandrino, *Stromata*, 5, 104, 2.
Plutarco, *Sulla generazione dell'anima nel Timeo*, 5.
Simplicio, *Commento al «De caelo» di Aristotele.*
(D 37) (C A30) (DK B30)

Dire che il mondo è stato creato dal Fuoco, e non da Dio, non è che cambi molto le cose. Al massimo sarà un po' più imbarazzante, il Giorno del Giudizio, vederlo seduto al centro del tavolo.

29. La terra si liquefà diventando mare e si estende fino a quel punto dove era giunta quando faceva ancora la terra.
Clemente Alessandrino, *Stromata*, 5, 104, 3.
(D 40) (C A31) (DK B31)

Frammento, del tutto simile al numero 25, dove s'ipotizzano lo scambio tra la terra e il mare. Basta guardare su un mappamondo come sono fatte le coste orientali del Sud America e quelle occidentali dell'Africa per intuire che nel corso dei millenni le terre emerse hanno fatto lunghe «passeggiate». Ma, a parte la «deriva dei continenti», lo scambio terra-mare è molto più intenso di quanto non si creda. In certe zone è il mare a prevalere, in altre la terra. Sui delta dei fiumi, ad esempio, è sempre stata la terra a farla da padrona: giorno dopo giorno ha tolto spazio al mare. Al contrario, lì dove la costa è flagellata dalle mareggiate, è il mare ad avere la meglio e a rosicchiare la terra un poco alla volta. L'importante, sembra dire Eraclito, è che nulla resti come prima. *Panta rei*, e così sia.

30. (Il sole) per ampiezza, è grande come un piede umano.
Aezio, 2, 21, 4.
(D 42) (C A54) (DK B3)

Forse il frammento più strano. Qui Eraclito ci vuol mettere in guardia dalle apparenze. «Basta alzare un piede contro il sole, dice, stando sdraiati, per rendersi conto che l'astro è poco più grande di una *skaphè*, cioè di un bacile da pediluvio». Da notare che bacile, in napoletano, si dice *scafarea*.

31. Il Sole è giovane ogni giorno.
Aristotele, *Meteorologia*, 355a 13-14
(D 43) (C A89) (DK B6)

Alcuni, tra cui Senofane, erano convinti che il sole si accendesse la mattina e si spegnesse la sera, più o meno come un lampione. Non credo, però, che Eraclito fosse della stessa opinione. Il suo frammento vuole solo ricordarci che tutto cambia, anche il sole, ragione per cui è lecito affrontare la giornata con una certa dose di ottimismo. Quello che non siamo riusciti a fare ieri, chissà che non riusciremo a farlo oggi.

> 32. Se non ci fosse il Sole, sarebbe notte.
> Plutarco, *Se sia più utile l'acqua o il fuoco*, 7.
> (D 44) (C A25) (DK B99)

Frammento degno di La Palisse, e a tale proposito va detto che questo disgraziato è passato alla storia come l'inventore dell'ovvio del tutto immeritatamente. La Palisse, infatti, era un generale francese morto in battaglia, a Pavia, nel 1525. Sulla sua tomba i soldati avrebbero voluto scrivere «*Qui giace monsieur de La Palisse; un quarto d'ora prima di morire aveva ancora voglia di combattere*», sennonché, per un refuso dello scalpellino, la parola *envie* (voglia) divenne *en vie* (in vita), e la frase si trasformò in «*un quarto d'ora prima di morire era ancora in vita*». Di qui il termine lapalissiano.

> 33. Il sole, in vero, non andrà mai fuori misura: in caso contrario lo scopriranno le Erinni, sacerdotesse di Dike.
> Plutarco, *Sull'esilio*, II.
> (D 45) (C A81) (DK B94)

Fetonte, figlio di Helios, per aver guidato l'aereo di papà, ovvero il carro del sole, a volte troppo a bassa quota, a volte troppo in alto, finì per creare il deserto del Sahara e i ghiacci del Polo Nord, e per questo venne solennemente punito. Qui, forse per la prima volta, Eraclito avanza l'ipotesi che anche il Fuoco ha qualcuno più in alto di lui che lo può sgridare. Come a dire che la saggezza è ancora più importante del potere, laddove la felicità è dolore e piacere mischiati insieme, a dosi alterne. Quello che resta da capire è se è meglio essere saggi o felici.

34. I confini dell'Aurora e del Tramonto sono l'Orsa e il suo dirimpettaio Zeus che tutti c'illumina.
Strabone, I, I, 6.
(D 46) (C A118) (DK B120)

Einstein ha detto che l'universo è curvo e finito. Ma se è finito, cosa c'è, allora, oltre i confini? L'eternità. E come è fatta l'eternità? È una specie di stanzone senza dimensioni e senza tempo. E che si fa nell'eternità per passare il tempo? Non si fa assolutamente nulla. E non ci si annoia? No, perché non se ne ha mai il tempo (*vedi* frammento 112).

35. (Il Sole governa) le stagioni che portano tutto quello di cui si ha bisogno.
Plutarco, *Questioni platoniche*, 8.
(D 47) (C A120) (DK B100)

Le stagioni, non solo portano i frutti caratteristici del periodo, ma anche alcuni inconvenienti da non sottovalutare. Nel suo *De die natali*, Censorino, parlando del Grande Anno (pari a 2484 anni per Aristarco e a 10800 anni per Eraclito) afferma che gli estremi entro i quali variano le stagioni sono i *kataklismoi* in inverno e le *ekpiroseis* in estate, cioè i diluvi e gli incendi. Quello che Censorino, invece, non dice, è che oggi, d'estate, ci sono anche i piromani che, chi per vizio e chi per interesse, provocano le *ekpiroseis*.

36. La vita rassomiglia a un fanciullo che sposta a caso i pezzi su una scacchiera, il che equivale a dire che il tempo è il regno di un bambino.
Ippolito, *Confutazione*, 9, 9, 4.
(D 48) (C A18) (DK B52) (150)

37. Il più bello dei mondi è un mucchio di rifiuti gettati giù dal Caso.
Teofrasto, *Metafisica*, 15, 7a 14-15.
(C A107) (DK 124B)

È il Caso o la Necessità a determinare gli eventi? E ancora: l'arte è un fatto puramente casuale o la dimostrazione dell'esistenza di Dio? I credenti sono tutti per il Progetto Divino, gli ingegneri, invece, per la statistica. E, comunque, Caso o Necessità che dir si voglia, tutto col tempo finisce per mutarsi in qualcosa di artistico, perfino l'Altare della Patria.

38. La vera saggezza vuole e non vuole essere chiamata con il nome di Zeus.
Clemente Alessandrino, *Stromata*, 5, 115, I.
(D 67) (C A84) (DK B32)

E se un giorno scoprissimo che Dio non è poi così onnipotente come si dice? E se anche Lui avesse dei limiti, magari solo di tempo? Immaginiamo un uomo, particolarmente sfortunato, che un giorno, giunto in cielo, gli dicesse: «Perché, Dio mio, ti sei tanto accanito contro di me?», e supponiamo che Lui, dopo aver bofonchiato, se la cavasse rispondendo: «Scusami tanto, figlio mio, ma avevo una guerra su Andromeda e un terremoto sulla costellazione del Capricorno: per una decina di anni mi sono dovuto assentare».

39. (Alcuni) ignorano la conoscenza del divino solo perché si rifiutano di credere.
Plutarco, *Vita di Coriolano*, 38.
Clemente Alessandrino, *Stromata*, 5, 88, 4.
(D 68) (C A70) (DK B86)

Beh, diciamo la verità: per credere ad Adamo ed Eva bisogna essere proprio di bocca buona. Anche la scienza, però, a volte, richiede un certo sforzo d'immaginazione. Com'è possibile, ad esempio, credere che da un unico organismo monocellulare siano potuti nascere, a forza di selezioni successive, esseri così diversi fra loro come il gambero e la giraffa, l'elefante e la zanzara, il Duca di Windsor e Gianfranco Funari?

40. Per le divinità tutte le cose sono belle; per gli uomini, invece, alcune sono giuste e altre ingiuste.
Porfirio, *Questioni omeriche*, «Iliade», 4, 4.
(D 69) (C A119) (DK B102)

Non solo per gli Dei, ma anche per gli uomini le cose non vanno giudicate con lo stesso metro. Per i musulmani, ad esempio, è lecito avere più mogli; per le esquimesi più mariti. Lo stesso dicasi delle salsicce: è peccato mangiarle in Arabia, non è peccato in Italia. Paese che vai, usanze che trovi. Confrontando tra loro le religioni, si scopre che c'è un solo comandamento comune a tutti i catechismi, ed è quello di non fare male al prossimo. Ora, dal momento che non sappiamo con sicurezza se quel famoso giorno ci troveremo di fronte Jahvè, Allah o Manitou, cerchiamo almeno di non far male al prossimo.

41. La qualità interiore umana, in verità, non possiede gli strumenti del conoscere, al contrario di quella divina che invece li possiede.
Origene, *Contro Celso*, 6, 12.
(D 70) (C A40) (DK B78)

Il sapere, a mio avviso, non è tanto importante come la voglia di sapere. Se c'è qualcosa che non invidio al buon Dio è il fatto che sappia già tutto.

42. Di fronte al Dio l'uomo risulta un infante, proprio come un infante può esserlo nei confronti di un uomo.
Origene, *Contro Celso*, 6, 12.
(D 71) (C A41) (DK B79)

43. La più bella delle scimmie è brutta se confrontata a un uomo, così come un uomo è brutto se confrontato al Dio.
Platone, *Ippia maggiore*, 289a.
(D 72) (C B1) (DK 82)

Apparentemente in questi frammenti Eraclito vuole elogiare gli Dei, in realtà desidera solo insultare i propri contemporanei. Che noi comuni mortali si possa apparire infantili, se paragonati agli Dei, non è che mi meravigli tanto, mi stupisce invece che i nostri politici non si rendano conto di essere più infantili degli elettori. Ho sempre avuto il sospetto, infatti, che tutti quelli che si dedicano alla politica stiano, in realtà, giocando a Monopoli.

44. Come ci si può nascondere a un qualcosa che non tramonta?
Clemente Alessandrino, *Pedagogo*, 2, 99, 5.
(D 104) (C A100) (DK B16)

Per quanto mi riguarda, non solo non ho alcuna intenzione di nascondermi, ma faccio di tutto per farmi vedere a chi di dovere. Il problema, piuttosto, è un altro:

«Lui,» mi chiedo, «mi sta vedendo? E se mi sta vedendo, mi segue con amore?»

L'esistenza di Dio, infatti, di per sé, non è una cosa molto importante (a limite potrebbe anche essere solo una curiosità astronomica). L'importante, invece, è capire se sta attento a tutto quello che ci capita e, soprattutto, se ci vuole bene.

45. Certamente Dike, la Giustizia, piomberà addosso a tutti quelli che inventano e testimoniano menzogne.
Clemente Alessandrino, *Stromata*, 5, 9, 3.
(D 105) (C A80b) (DK B28)

Eraclito ignorava Tangentopoli, e forse proprio per questo invocava una Giustizia rapida e sicura. Se aprisse gli occhi oggi, invece, si renderebbe conto che coloro che «inventano e testimoniano menzogne» non sono quattro gatti, bensì svariati milioni di persone, ragione per cui la povera Dike non ce la farebbe mai a piombare addosso a tutti. Ciò premesso, proprio per evitare che i reati vadano in prescrizione, consiglierebbe pure lui lo Stato di venire incontro ai colpevoli con una specie di patteggiamento.

46. Chi appare, conosce e governa colui che appare.
Clemente Alessandrino, *Stromata*, 5, 9, 3.
(D 106) (C A80a) (DK B28)

Ecco, qui di seguito, alcune interpretazioni:

a) Chi per mestiere è venditore di apparenze (es.: Berlusconi) gestisce colui che appare (es.: Mike Bongiorno).

b) Chi appare (es: la top model Claudia Schiffer) aiuta ad apparire chi le sta accanto (es.: il fidanzato David Copperfield).

c) Chi appare (es.: il leader di un partito), conoscendo bene il mestiere, sfrutta coloro che hanno voglia di apparire (es.: gli arrampicatori politici).

47. Le cose che si apprendono nei misteri funzionano da medicine.
Giamblico, *Sui misteri*, I, II.
(D 118) (C A106) (DK B68)

In questo frammento Eraclito anticipa Marx di venticinque secoli e ci informa che «la religione è l'oppio dei popoli». Se poi tra i vari tipi di «misteri» comprendiamo anche l'astrologia, diventa subito chiaro perché tutti i mass-media, compresa la Tv di Stato, dedichino agli oroscopi una rubrica fissa.

48. Il Dio (Apollo) a cui appartiene l'oracolo che sta a Delfi, non dice e non nasconde: accenna.
Plutarco, *Sugli oracoli della Pizia*, 21.
(D 120) (C A1) (DK B93)

Se è vostra intenzione diventare maghi, ricordatevi di restare sempre nel vago. Vi accorgerete che i vostri clienti faranno di tutto per adattare le vostre previsioni ai fatti. Tra dieci profezie dette a casaccio, basta azzeccarne una, anche in modo approssimativo, per diventare un indovino di fama nazionale. Delle altre nove, quelle andate a male, nessuno ha interesse a ricordarle: né il mago, né il cliente. Un vero maestro in questo campo è stato Nostradamus. Scrivendo quartine senza capo né coda, ha reso facilissimo l'adattamento a ogni tipo di evento. Datemi, infatti, una qualsiasi quartina di Nostradamus, e io vi troverò, immediatamente, un riferimento alla cronaca di oggi.

49. Se non fosse che lo si fa per Dioniso, ci vergogneremmo di certo a cantare certi inni in onore di quelle parti del corpo umano che per pudore si è soliti nascondere.
Clemente Alessandrino, *Protrettico*, 2, 34, 5.
Plutarco, *Su Iside e Osiride*, 28.
(D 123) (C A60) (DK B15)

Chissà perché è convinzione generale che la «liberazione dei costumi sessuali» sia una conquista di questi ultimi anni. In realtà i Greci, in quanto a comune senso del pudore, erano molto più spregiudicati di noi e, a parte l'omosessualità, che veniva dichiarata senza il minimo imbarazzo, quello che si faceva in una festa dionisiaca era al di là di ogni più sfrenata immaginazione. Altro che *Nove settimane e mezzo*!

50. Gli Dei e gli uomini onorano coloro che muoiono in battaglia.
Clemente Alessandrino, *Stromata*, 4, 16, 1.
(D 111) (C A66) (DK B24)

Per capire la venerazione con cui i Greci guardavano gli eroi, bisogna rendersi conto che a quei tempi ogni individuo correva il rischio di finire i suoi giorni in catene almeno tre volte nel corso della vita. Il saccheggio della città e la conseguente riduzione in schiavitù dei suoi abitanti era un fatto all'ordine del giorno. Basti pensare che nell'Atene di Pericle il rapporto tra uomini liberi e schiavi era di trentamila a trecentomila. Standa così le cose, il soldato in divisa era molto più apprezzato dell'intellettuale disarmato.

51. La Sibilla, pronunziando con la bocca della follia cose che non hanno né sorriso, né ornamento, né profumo, supera con la voce i mille anni, e questo perché c'è un Dio che è dentro di lei.
Plutarco, *Sugli oracoli della Pizia*, 6.
(D 119) (C A2) (DK B92)

Come dire che un oracolo, se non è folle, non è un oracolo. Chiunque faccia il mestiere di oracolista, infatti, sa benissimo che senza un po' di scenografia non può mettersi a predire il futuro. Uno studio di cartomanzia non può somigliare a uno sportello bancario, anche se poi, stringi stringi, sempre di soldi si tratta.

52. I più non percepiscono con immediatezza le cose, né sono capaci di riconoscerle, anche se le hanno apprese direttamente, pur tuttavia le adattano a se stessi di volta in volta.
Clemente Alessandrino, *Stromata*, 2, 8, 1.
(D 3) (C A93) (DK B17)

53. Privi di discernimento, pur avendo prestato ascolto, somigliano ai sordi. Vale per loro il detto: «Pur essendo presenti, erano assenti!».
Clemente Alessandrino, *Stromata*, 5, 115, 3.
(D 4) (C A86) (DK B34)

Eraclito ce l'ha con i più (in greco *polloi*), quelli cioè che credono di sapere e non sanno, che credono di udire e non ascoltano. Essi sono i presenti-assenti: presenti in quanto animali che mangiano, bevono, dormono e fanno l'amore, assenti, invece, in quanto uomini capaci di ragionare.

54. La maggioranza non sa né ascoltare né parlare.
Clemente Alessandrino, *Stromata,* 2, 24, 5.
(D 5) (C A71) (DK B19)

Tra il saper ascoltare e il saper parlare è di certo più importante la prima qualità: se non si ascolta, infatti, non si apprende, e se non si apprende non si parla. A volte, poi, è proprio il voler parlare a tutti i costi a impedire l'ascolto. Dette queste cose (alquanto ovvie, in verità), vi informo che da un po' di tempo a questa parte ho preso l'abitudine, ogni domenica sera, di andare a cena con gli amici. Ci ritroviamo tutti nella stessa trattoria, alla stessa ora, e siamo tutti, chi più chi meno, con una gamba nella cultura e un'altra nello spettacolo, come dire che siamo tutti dei grandi parlatori. Proprio alcune sere fa, uno di noi, Paolo Villaggio, amareggiato che nessuno lo ascoltasse con la dovuta attenzione, ha proposto di noleggiare degli ascoltatori; dei bravi ragazzi, ha detto, possibilmente intelligenti, che, in cambio di un buon pasto in un ristorante di lusso, siano disposti a starci a sentire, anche quando diciamo banalità.

55. Quelli che parlano con il cervello devono trarre suggerimenti dal comune buon senso, così come la città trae forza dalle leggi. In verità, tutte le leggi umane derivano da una sola legge, quella divina. Questa ultima prevale quanto basta, ma, volendo, potrebbe anche strafare.
Stobeo, *Florilegio,* 3, 1, 179.
(D 8) (C A11) (DK B114)

A leggere la vita di Eraclito, si ha l'impressione che non fosse tanto equilibrato (come quando, eletto *basileus*, preferì rinunciare all'incarico per andare a giocare con i ragazzini agli *astragali*). Evidentemente era uno che predicava bene e razzolava male. In questo frammento, infatti, il nostro consiglia i governanti di non farsi troppo influenzare dai princìpi astratti, caratteristici delle leggi divine. In altri termini: promulgare leggi per gli uomini come sono, non per gli uomini come dovrebbero essere.

56. Comune a tutti è il pensare.
Stobeo, *Florilegio*, 3, 1, 179.
(D 10) (C A14) (DK B113)

Così dovrebbe essere, ma in realtà non lo è. Molte volte ascoltando un politico, un religioso o un astrologo, mi sono chiesto se sono mai stati attraversati dall'ombra del dubbio. Cosa vuol dire, infatti, «pensare»? Vuol dire sottoporre un'idea alla verifica del pensiero, salvo poi accettarla se ha superato tutte le possibili obiezioni. E anche in quest'ultimo caso, l'accettazione è da considerarsi temporanea, valida cioè fino a quando una nuova idea non la rimette in discussione. Il dubbio, insomma, è una ginnastica della mente. Forse.

57. La natura delle cose ama nascondersi.
Temistio, *Orazioni*, 5.
Proclo, *Commento alla Repubblica di Platone*.
(D 28) (C A92) (DK B123)

Frammento molto discusso dai filologi: per alcuni *fusis* è la natura in genere, per altri invece è la natura di ogni singola creatura, ovvero la sua essenza. Adottando quest'ultima interpretazione, potremo dire che la parte migliore di ciascuno di noi non si vede perché resta nascosta. Per i cattolici, e i religiosi in genere, la parte nascosta è l'anima, per i filosofi è la ragione ultima per cui quella cosa esiste.

58. Lo stupido ama meravigliarsi a ogni parola.
Plutarco, *Sull'ascoltare*, 7.
(D 58) (C A113) (DK B87)

Non sono molto d'accordo con questo frammento. Preferisco quello di Aristotele, secondo il quale la filosofia nasce, non dalla saggezza, ma dallo stupore.

59. Le credenze umane sono giochi di fanciulli.
Giamblico, *Sull'anima* (in Stobeo, *Ecloghe*, III 1; 16).
(D 63) (C A42) (DK B70)

E in effetti lo sono. Prendiamo gli oroscopi: all'inizio si leggono solo per divertirsi, poi, per una coincidenza fortuita, si comincia a pensare che potrebbero avere qualche fondamento. Alla seconda previsione indovinata diventano una scienza esatta.

60. C'è chi si dimentica dove conduce la strada.
Marco Aurelio, 4, 46.
(D 66) (C A94) (DK B71)

Dedico questo frammento a tutti i politici che mirano all'immediato e si dimenticano dell'obiettivo finale (il bene del paese).

61. Cose che si trovano appena in uno e non sempre.
Giamblico, *De mysteriis*, V 15.
(D 73) (DK B69)

62. Uno solo, per me, vale diecimila!
Cicerone, *Lettere ad Attico*, 16, 11, 1.
Galeno, *Sul polso*, 1, 1.
(D 74) (C A105) (DK B49)

Questi frammenti documentano, ove mai ce ne fosse bisogno, la vocazione antidemocratica di Eraclito. Vivesse oggi, per evitare la telecrazia, sosterrebbe la seguente tesi:

«Come si fa a prendere il potere?»

«Plagiando il cittadino attraverso il video.»

«Chi è più facile da plagiare: il colto o l'ignorante?»

«L'ignorante.»

«E allora facciamo votare solo i colti. Abbasso il suffragio universale!»

63. Massima virtù è il pensare correttamente. La saggezza consiste nel dire il vero, e soprattutto nel metterlo in pratica, da uomo che sa come stanno realmente le cose.
Stobeo, *Florilegio*, 3, 1, 174.
(D 75) (C A15) (DK B112)

Spesso mi sono chiesto se il «benpensante» è anche uno che pensa. In realtà non pensa affatto, anche perché, a forza di pensarla come la pensano gli altri, gli si è atrofizzato il cervello.

64. A tutti gli uomini è data la possibilità di conoscere se stessi e di non andare oltre i limiti.
Stobeo, *Florilegio*, 3, 5, 6.
(D 76) (C A50) (DK B116)

Non sono assolutamente d'accordo. A nessuno, Dio sia lodato, è data la possibilità di conoscere se stesso; altrimenti non si conterebbero più i casi di suicidio. Solo la presunzione può mantenerci in vita. Già è duro accettare il proprio aspetto e la vecchiaia incombente, immaginiamo cosa succederebbe se dovessimo prendere atto che siamo anche stupidi.

65. Riguardo alle grandi domande, è conveniente astenersi dai giudizi affrettati.
Diogene Laerzio, *Vite dei filosofi*, I 27.
(D 77) (C A104) (DK B47)

L'*epochè*, o sospensione del giudizio, per i filosofi greci era un'abitudine, anzi, una divisa mentale. Più «grande» è la domanda, suggerisce Eraclito, più meditata deve essere la risposta. Oggi invece, non è più consentita la pausa di riflessione: o si è capaci di rispondere a tambur battente, come si dice, o ci si ritrova oscurati. Sulla testa di tutti incombe il telecomando di Damocle. Come un disgraziato prova a riflettere un secondo in più, viene subito castigato dallo *zapping*.

66. Qual è, in effetti, la loro capacità intellettiva? Si fidano dei giudizi della massa? Accettano il popolo come maestro e ignorano che i più sono scadenti e che solo i pochi valgono.
Proclo, *Commento all'Alcibiade I di Platone.*
(D 78) (C A72) (DK B104)

Messaggio di Eraclito ai capistruttura Rai e Fininvest:
«Qual è, o Signori delle Televisioni, la vostra capacità intellettiva? Vi rendete conto che l'audience altro non è che il giudizio delle masse? Accettando il popolo come maestro, dimostrate d'ignorare che i più sono scadenti e che solo i pochi valgono. Se per le emittenti private, an-

cora ancora, è ipotizzabile la scusante degli sponsor pubblicitari, per quelle di Stato non ci sono attenuanti: il vostro primo dovere è quello di elevare il gusto dei più e avvicinarlo a quello dei pochi.»

67. L'ignoranza è meglio nasconderla.
Stobeo, *Florilegio*, 3, I, 175.
(D 79) (C A68) (DK B95)

Ma come fare? Il consiglio più pratico è quello di scrivere e parlare sempre in modo oscuro (come d'altronde faceva Eraclito). Molti nostri «maestri di pensiero» sono anche «maestri di oscurità»: confondono la profondità con l'oscurità, e per sembrare «profondi» evitano di farsi capire.

68. Di tutti quelli che ho ascoltato, nessuno ha capito che il sapere è una cosa e che il sapere generico è un'altra.
Stobeo, *Florilegio*, 3, I, 174.
(D 80) (C A17) (DK B108)

69. Quelli che cercano la sapienza, devono impadronirsi della conoscenza di molte cose, e non fingere di sapere.
Clemente Alessandrino, *Stromata*, 5, 140, 6.
(D 81) (C A102) (DK B35)

Qui Eraclito se la prende con i *polymatheis* (i tuttologi) e con coloro che fingono di sapere, pur non sapendo nulla. Ci fa piacere pensare che esistevano anche a quei tempi.

70. Quelli che cercano l'oro, in verità, scavano molto e trovano pochissimo.
Clemente Alessandrino, *Stromata*, 4, 4, 2.
(D 94) (C A64) (DK B22)

Non conviene, dice Eraclito, impostare la vita sull'oro. Cercherò di tenerne conto. A essere sincero, il mio rapporto col denaro è alquanto controverso. Sulle cifre alte (quelle oltre i dieci milioni) sono uno spendaccione, su quelle basse (sotto le centomila) difendo il mio patrimonio con le unghie e con i denti. Qualcuno mi definisce avaro e io adesso, per dimostrare che non è vero, mi sto rovinando!

71. Tutto ciò che cammina prono sulla terra, in realtà è sospinto al pascolo dalle sferzate del Dio.
Pseudo-Aristotele, *Sul mondo*, 401a 10-11.
Apuleio, *Sul mondo*, 36.
(D 96) (C A83) (DK B11)

Se proprio debbo immaginarmi un popolo condotto al pascolo, me lo immagino composto di teleutenti.

72. La tracotanza è necessario spegnerla ancor più del divampare di un incendio.
Diogene Laerzio, *Vite dei filosofi*, IX 2.
(D 108) (C A75) (DK B43)

In questo frammento, a mio avviso, la tracotanza non deve essere confusa con il discostarsi dalla misura. Eraclito, infatti, più che l'eccesso, teme il modo in cui si eccede. Come dire che chi è eccessivo, e sa di esserlo, si sente obbligato a esserlo sempre. Quanti, in televisione, si vedono costretti a esagerare!

73. Legge è anche ubbidire alla volontà di uno solo.
Clemente Alessandrino, *Stromata*, 5, 115, 2.
(D 109) (C A85) (DK B33)

Mi sta benissimo ubbidire alla volontà di uno solo, e forse, nel subconscio, lo preferisco, a patto, però, che dopo quattro anni possa cambiare parere e ubbidire alla volontà di un altro.

74. Una cosa sola, in verità, al posto di tutte le altre, interessa i migliori, ed è la gloria perpetua fra i mortali. I più, però, pensano solo a riempirsi la pancia, proprio come fanno le bestie.

Clemente Alessandrino, *Stromata*, 5, 59, 5.
(D 110) (C A77) (DK B29)

Chissà se, potendo scegliere un destino, avrei scelto la gloria? E poi: quale tipo di gloria? Non certo quella dell'eroe (morte prematura), o quella dello scienziato (vita da trascorrere nel chiuso di un laboratorio), o quella del pittore (lunghi periodi di povertà), o quella del navigatore solitario (noia sterminata). Probabilmente mi sarei accontentato di traguardi modesti. Ecco, infatti, in ordine d'importanza, le cose che mi sarebbe piaciuto saper fare, e nelle quali, purtroppo, ammetto di non essere all'altezza:

1) cantare
2) suonare la chitarra
3) conoscere le lingue
4) ricordarmi di tutto quello che leggo
5) capire pienamente la relatività generale di Einstein
6) idem per Heidegger, magari anche così così
7) giocare al pallone come Rivera
8) andare a cavallo
9) avere l'autista senza sentirmi in colpa ogni volta che lo faccio aspettare dopo l'una di notte
10) evitare, quando butto giù un elenco, di arrivare sempre fino a dieci. Che sia colpa di Mosè?

75. Per purificarsi si macchiano con altro sangue, come se, per detergersi dalla melma, si lavassero con altra melma.
Origene, *Contro Celso*, 7, 62.
Elia Cretese, *Commento a Gregorio di Nazianzo*, Orazioni, 25, 15.
Clemente Alessandrino, *Protrettico*, 4, 50, 4.
(D 121a) (C A21a) (DK B5a)

Eraclito, primo animalista della storia, si dichiara contrario ai sacrifici degli animali. Fosse vivo oggi, farebbe coppia con Brigitte Bardot.

76. Ai nottambuli, ai maghi, ai posseduti dal Dio Dioniso, alle Menadi, agli iniziati (vogliamo dire) che sono privi di sacralità i misteri che di solito vengono praticati dagli uomini.
Clemente Alessandrino, *Protrettico*, 2, 22, 2.
(D 122) (C A59) (DK B14)

Eraclito era nemico di qualsiasi cosa non avesse a che fare con la razionalità. Comunque, tra religione di Stato e riti esoterici, non aveva dubbi: meglio la prima. Come a dire: se proprio devo credere in qualcosa, preferisco le favole dei vecchi Dei dell'Olimpo, se non altro perché più divertenti. Al bando, quindi, maghi, indovini, fattucchiere e altri sfruttatori della stupidaggine umana!

77. Che possiate essere sempre ricchi, o cittadini di Efeso, in modo che possa sempre venire allo scoperto la vostra volgarità.
Tzetze, *Scolii al Pluto di Aristofane*, 90.
(D 124) (C A109) (DK B125a)

Feroci invettive del filosofo contro l'egoismo, e il consumismo, dei propri compaesani. Pur di non rischiare il loro benessere, gli Efesii avevano chiuso gli occhi sull'invasione della Ionia da parte dei Persiani. Immaginiamo cosa direbbe oggi nel vedere gli italiani scorrazzare su e giù per il paese in automobile, o fare shopping nei negozi del centro, mentre, a pochi chilometri di distanza, si sta consumando la tragedia della Bosnia.

78. Gli Efesii adulti farebbero bene a impiccarsi tutti, dal primo all'ultimo, in modo da lasciare il governo della città nelle mani di chi non ha ancora la barba! Essi esiliarono Ermodoro, il migliore degli uomini, con questa incredibile motivazione: «Preferiamo, in verità, che nessuno di noi emerga. E se proprio ciò dovesse accadere, che vada a emergere altrove!».

Strabone, 14, 1, 25.
Diogene Laerzio, *Vite dei filosofi*, IX 2.
(D 125) (C A117) (DK B121)

Per capire il frammento, è indispensabile sapere qualcosa sull'ostracismo. Era questa una pratica, molto diffusa in Grecia, grazie alla quale si poteva mandare in esilio una persona, per cinque o dieci anni, senza sentirsi obbligati a dare una giustificazione. Bastava che un certo numero di cittadini (seimila ad Atene) scrivesse su di un coccio, detto *ostrakon*, il nome di un compaesano perché questi fosse costretto a espatriare.

Si racconta che un giorno un ateniese, volendo ostracizzare Aristide, e non sapendo scrivere, abbia chiesto aiuto proprio a lui, ovvero allo stesso Aristide, che passava di lì per caso.

«Perché desideri ostracizzarlo?» chiese allora il politico.

«Perché mi sono stancato di sentirne tessere le lodi» rispose l'ateniese con una smorfia di disgusto. (Plutarco, *Vita di Aristide*, 7.)

79. Rivolgere preghiere alle statue degli Dei è come voler conversare con le case, senza sapere chi sono gli Eroi e gli Dei.

Origene, *Contro Celso*, 7, 62.

Elia Cretese, *Commento a Gregorio di Nazianzo Orazioni*, 25, 15.

Clemente Alessandrino, *Protrettico*, 4, 50, 4.

(D 121b) (C A21b) (DK B5b)

A casa mia, quand'ero ragazzo, avevamo una nicchiettina con le anime del Purgatorio. Erano cinque statuette di creta avvolte nelle fiamme, con le mani giunte in preghiera, e incastonate in uno scenario dantesco. Ricordo una donna e un uomo, ovviamente nudi, quindi una vecchia, un vecchio e un prete.

«Perché preghi per loro?» chiesi un giorno a mia madre.

«Perché ne hanno bisogno» rispose lei, e aveva ragione.

Chi sta all'inferno non ha più nulla da perdere, chi sta in purgatorio, invece, può ridurre la propria pena se c'è qualcuno, sulla Terra, che prega per lui.

«E tu che cosa ne ricavi?» chiesi ancora io.

«Niente,» rispose lei «ma, a parte il fatto che pregare fa bene, potrebbero venirmi in sogno e darmi un bel terno.»

Non vinse mai.

80. Gli uomini non intendono il Logos, né prima di averlo udito, né dopo averlo ascoltato. E malgrado ogni cosa intorno a loro si manifesti in funzione del Logos, si

comportano come quelli che, pur non avendo esperienza, intendono operare ugualmente.

Così facendo, non si accorgono di quello che vedono da svegli e non ricordano quello che hanno visto dormendo.

Sesto Empirico, *Contro gli scienziati*, 7, 132.
Aristotele, *Retorica*, 1407b 16-17.
Ippolito, *Confutazione*, 9, 9, 3.
Clemente Alessandrino, *Stromata*, 5, 111, 7.
(D 1) (C A9) (DK B1)

81. Il Logos, con il quale dovrebbero convivere, è invece proprio quello da cui prendono le distanze, e così accade che le cose in cui si imbattono ogni giorno finiscono col sembrare straniere.
Marco Aurelio, 4, 46.
(D 2) (C A95) (DK B72)

82. Non perché lo dico io, ma perché lo afferma il Logos, saggezza è riconoscere che tutte le cose, in fondo, sono una sola.
Ippolito, *Confutazione*, 9, 9, 1.
(D 6) (C A3) (DK B50)

83. Bisogna puntare a ciò che si concatena. E sebbene sia evidente che il Logos lo faccia, i più vivono come se ciascuno avesse una logica separata.
Sesto Empirico, *Contro gli scienziati*, 7, 133.
(D 7) (C A13) (DK B2)

84. Una sola è la saggezza: conoscere il Logos che governa le cose attraverso le cose.
Diogene Laerzio, *Vite dei filosofi*, IX 1.
(D 13) (C A73) (DK B41)

A questo punto non è più rimandabile una definizione di Logos. Tra tutte le possibili, scelgo la Razionalità, intesa come capacità di controllare l'emozione. Ora, mi rendo conto che una cosa è enunciare con enfasi una frase del genere, e un'altra è metterla in praticara con i fatti. Pur tuttavia sono convinto che, almeno, bisogna tentare. Amori, odii, simpatie, antipatie, rivalità, complicità, invidie, fanno di tutto per allontanarci dal Logos, eppure noi dobbiamo sforzarci di ragionare freddamente e di valutare, di volta in volta, i pro e i contro di ogni scelta.

85. Più che la vista e l'udito, ciò che apprezzo è l'apprendimento diretto.
Ippolito, *Confutazione*, 9, 9, 5.
(D 57) (C A23) (DK B55)

86. Se tutte le cose diventassero fumo, basterebbero le narici a distinguerle le une dalle altre.
Aristotele, *Sulla sensazione*, 443a 21-24.
(D 59) (C A48) (DK B7)

87. Secondo Eraclito, essendo la vista non di poco più veritiera dell'udito, gli occhi sono da preferire alle orecchie.
Polibio, 12, 27, 1.
(D 61) (C B6) (DK B101a)

88. Occhi e orecchie sono cattivi testimoni per chi ha un'anima barbara.
Sesto Empirico, *Contro gli scienziati*, 7, 126.
(D 64) (C A36) (DK B107)

Vista, udito e olfatto sono guardati con sospetto da Eraclito. Ci traggono in inganno, dice il filosofo, soprattutto se abbiamo anime barbare. Ma proprio qui sta il problema: chi di noi è disposto ad ammettere di avere un'anima barbara? Il Creatore, nella sua illuminata saggezza, ha fatto sì che la bellezza fosse visibile e l'intelligenza nascosta, ragione per cui tutti, ma proprio tutti, siamo convinti di possedere un cervello quanto meno uguale a quello di Einstein e di poterci tranquillamente fidare dei sensi.

89. Se la felicità fosse raggiungibile con i sensi, dovremmo considerare felici i buoi che hanno appena trovato le cicerchie.
Albertus Magnus, *De veget.*, VI, 401, p. 545.
(D 101) (DK B4)

Evidentemente, devo essere diventato un po' bue, dal momento che, da un po' di tempo a questa parte, evito d'innamorarmi e mi accontento dei sensi.

90. La ricchezza del sapere non genera intelligenza, altrimenti sarebbero diventati intelligenti anche Esiodo, Pitagora, Senofane ed Ecateo.
Diogene Laerzio, *Vite dei filosofi*, IX 1.
(D 82) (C A67) (DK B40)

Definire l'intelligenza è difficile. Probabilmente è la capacità di trovare relazioni tra cose che già si conoscono. Il sapere, quindi, da solo non è sufficiente, al massimo dà una mano all'intelligenza, nel senso che le mette a disposizione la materia prima per manifestarsi.

91. Nella conoscenza delle cose, anche delle più evidenti, gli uomini spesso sono tratti in inganno, come d'altra parte capitò a Omero, che pure fu, tra tutti, il più sapiente dei Greci. Lo ingannarono, infatti, alcuni ragazzi che si stavano spidocchiando, allorché gli dissero:

«Tutto quello che abbiamo visto e preso, lo perdiamo. Tutto quello che non abbiamo né visto né preso, lo portiamo».
Ippolito, *Confutazione*, 9, 9, 6.
(D 83) (C 24) (DK B56)

Si racconta che Omero, non essendo stato capace di risolvere l'enigma proposto dai fanciulli, sia morto sul colpo, di crepacuore. «Ma come,» avrebbe esclamato, «io, il più sapiente dei Greci, non riesco a decifrare un indovinello per bambini!» E subito dopo, patapunfete, avrebbe reso l'anima a Dio.

92. Omero meriterebbe di essere frustato e cacciato via dalle gare, e lo stesso dicasi di Archiloco.
Diogene Laerzio, *Vite dei filosofi*, IX 1.
(D 84) (C A74) (DK B42)

Da questo frammento viene fuori una grande verità: l'invidia tra intellettuali c'è sempre stata, allora come adesso. Eraclito in cuor suo odiava Omero, Esiodo e Archiloco. Per quale ragione? Perché erano autori di best-seller.

93. Maestro di molti fu Esiodo. Di lui si disse che era molto sapiente, anche se non riuscì mai a capire cosa fossero il giorno e la notte, che pure sono la medesima cosa.
Ippolito, *Confutazione*, 9, 10, 2.
(D 86) (C A26) (DK B57)

Qui il nostro è più che mai ingiusto: tratta Esiodo come se fosse un astrofisico, laddove era un grandissimo poeta. Superbi, peraltro, i versi che Esiodo dedica all'argomento:

Notte e Giorno s'incontrano e si salutano
sulla soglia di bronzo, l'una per salire
e l'altro per scendere, né mai entrambi,
nel medesimo tempo, la casa trattiene.
(*Teogonia*, 747)

94. Eraclito afferma che Omero fa l'astrologo, quando racconta che Ettore e Polidamante erano nati nello stesso giorno, e quando sostiene che al Fato nessuno degli uomini è mai sfuggito.
Scolii all'Iliade, 18 251.
(D 85) (C B7) (DK B105)

Non solo i mortali, ma anche gli Dei non potevano sottrarsi al destino. A cominciare dal loro capo assoluto, il divino Zeus, tutti dipendevano da Ananke, o Necessità, l'assoluta padrona dell'universo. Quello che Ananke aveva stabilito era legge: *doveva* accadere! Se la Necessità aveva deciso che Edipo avrebbe ucciso il padre e si sarebbe accoppiato con la madre, aveva voglia lo sventurato di girare alla larga dai parenti, prima o poi ciò che era scritto sarebbe accaduto.

95. Esiodo distingue i giorni fausti da quelli infausti, e ignora che la natura dei giorni è sempre la stessa.
Plutarco, *Vita di Camillo*, 19, 3.
(D 87) (C B8) (DK B106)

Sarà pure la stessa, ma la lunghezza effettiva della vita è data dal numero di giorni diversi che un individuo riesce a vivere. Quelli uguali non contano.

96. Pitagora copiò, più di tutti, dai libri degli altri, e così facendo si procurò una vasta sapienza, una ricchez-

za di esperienze e un'arte volgare, utile a ingannare il prossimo.
Diogene Laerzio, *Vite dei filosofi*, VIII 6.
(D 88) (C B3) (DK B129)

Eraclito accusa Pitagora di copiare dagli altri e sbaglia. È fin troppo evidente, infatti, che quando si copia da un solo testo è plagio (ed è un illecito), mentre quando si copia da più testi è ricerca (ed è un grande merito per il copiatore, pardon, per il ricercatore).

97. Pitagora è il re degli imbroglioni!
Filodemo, *Retorica*, I, col. 57 62.
(D 89) (C A114) (DK B81)

Pitagora, Gran Maestro della Loggia P1, era per prima cosa un «politico». Non a caso aveva identificato la conoscenza con il potere, e guai a chi sgarrava! Di lui si raccontano cose strabilianti: che obbligava tutti i suoi discepoli al più assoluto silenzio sui riti della setta, che parlava nascosto dietro una tenda, che si mostrava solo ai suoi allievi preferiti, che aveva una coscia d'oro, e altre ancora.

98. A Priene nacque Biante, figlio di Teutamo, la cui fama era superiore a quella degli altri.
Diogene Laerzio, *Vite dei filosofi*, I 88.
(D 90) (C A103) (DK B39)

Di Biante si racconta questa storia: un giorno i Sette Savi si recarono all'oracolo di Delfi. Qui giunti, vennero supplicati dal Gran Sacerdote affinché ciascuno scrivesse sulle mura del tempio la sua massima preferita. Tutti accettarono di buon grado, a eccezione di Biante. Chilone scrisse: «Conosci te stesso». Solone: «Impara a ubbidire e imparerai a comandare». Cleobulo: «Ottima è la misura». Periandro: «Non c'è nulla che sia confortevole come la tranquillità». Talete: «Ricordati degli amici». Pittaco: «Rimetti i debiti». Con Biante non ci fu nulla da fare. Inutilmente gli dissero: «Ma come, tu, il più illustre di noi tutti, non vuoi lasciare ai posteri un segno della tua saggezza?!». Lui continuava a dire: «Sentite a me, ragazzi: è meglio che io non scriva niente». Poi, a forza di insistere, lo convinsero, e lui scrisse: «La maggioranza degli uomini è cattiva».

99. Il mare è acqua purissima e nel medesimo tempo velenosa: per i pesci è bevibile e salutare, per gli uomini è imbevibile e letale.
Ippolito, *Confutazione*, 9, 10, 5.
(D 34) (C A39) (DK B61)

Lo stesso dicasi dei salotti romani: per alcuni sono ragione di vita, per altri noia mortale.

100. Per le anime è morte diventare acqua, mentre per l'acqua è morte diventare terra, ma dalla terra sorge l'acqua e dall'acqua si libera l'anima.
Clemente Alessandrino, *Stromata*, 6, 17, 2.
Filone, *Sull'eternità del mondo*, 21, III.
(D 53) (C A53) (DK B36)

101. Per le anime diventare acqua è goduria e morte.
Numenio, *Frammento num. 30.*
(D 54) (C A49) (DK B77)

102. Quando è ubriaco, l'uomo può essere condotto per mano da un ragazzino. Barcolla e non si rende conto

in che direzione sta muovendo il passo. La sua anima, infatti, è intrisa d'acqua.
Stobeo, *Florilegio*, 3, 5, 7.
(D 55) (C A51) (DK B117)

103. L'anima di chi non ha mai desiderato l'acqua è la più saggia ed eccelle.
Stobeo, *Florilegio*, 3, 5, 8a.
(D 56) (C A52) (DK B118)

Proviamo a sostituire la parola «droga» alla parola «acqua», e rileggiamo i frammenti 100-103:

Per le anime è morte drogarsi (100).

Per le anime è goduria e morte drogarsi (101).

Quando è in preda alla droga, l'uomo può essere condotto per mano da un ragazzino. Barcolla e non si rende conto in che direzione sta muovendo il passo. La sua anima, infatti è intrisa di droga (102).

L'anima di chi non si è mai drogato è la più saggia ed eccelle (103).

A questo punto, ci si chiede: per quale ragione l'anima prova piacere a drogarsi? Perché solo così riuscirà a dimenticare. Che cosa? La sua esistenza, o per meglio dire, l'inevitabilità della morte. Scriveva Pascal (pensiero 348): «Gli uomini, non avendo saputo guarire la morte, la miseria e l'ignoranza, hanno pensato bene di non pensare». Per distrarsi, però, sono stati costretti a ricorrere ai piaceri: più intensi essi sono, più sarà facile non pensare. Vietato, quindi, restare soli in casa. Vietato leggere. Vietato riflettere. Vietato fare riferimenti al futuro. Vivere sempre alla grande. Spendere e spandere a più non posso. E se tutto ciò non bastasse, ubriacarsi, e se nemmeno questo bastasse, ricorrere alla droga.

104. Come il ragno che sta al centro della tela subito si accorge se una mosca ha rotto uno filo, e rapido accorre lì dove c'è lo strappo, quasi che provasse un dolore per la rottura, così l'anima dell'uomo si porta sollecita in quella zona dove si sente offesa, come se la tela fosse parte integrante del suo corpo e lui non riuscisse a sopportare la benché minima ferita.
Hisdosus Scholast., *Ad Calcid. Plat. Tim.*
(D 60) (DK B67a)

Nella vita del ragno lo stress maggiore non è lo strappo della tela, come sostiene Eraclito, ma l'attesa. Per quanto mi riguarda, infatti, dovendomi reincarnare, avviso chi di dovere che tra una tigre affamata e un ragno in attesa, non ho il minimo dubbio: preferisco la tigre.

105. I confini dell'anima, nel tuo cammino, non potrai mai trovarli, neppure se percorrerai tutte le strade che incontri: tanto profondo è il Logos che ha dentro di sé.
Diogene Laerzio, *Vite dei filosofi*, X, 7.
(D 51) (C A 55) (DK B45)

Come tutti i presocratici, Eraclito ha qualche difficoltà a immaginare entità non materiali. L'anima è profonda, dice, ma ha dei confini, anche se difficilmente raggiungibili. E siccome è costretta a ospitare il Logos, sarà più grande se è l'anima di un saggio, più piccola se è l'anima di uno stupido.

106. I dormienti sono artefici e complici delle cose che accadono nel mondo.
Marco Aurelio, 6, 42.
(D 11) (C A98) (DK B75)

107. Non bisogna comportarsi come fanno i dormienti.
Marco Aurelio, 4, 46.
(D 12) (C A96) (DK B73)

Qui, con il termine «dormienti», vengono bollati tutti coloro che hanno il cervello addormentato. «Chi dorme non piglia pesci» dice il proverbio. Ed Eraclito aggiungerebbe: «E si rende complice del degrado generale». Come a dire che il vero peccato del «dormiente» non è tanto il sonno ma l'omissione. Il «non c'ero, e se c'ero dormivo» non basta a farci sentire in pace con la coscienza.

108. Dentro di noi sono presenti il vivente e il morto, lo sveglio e il dormiente, il giovane e il vecchio. Queste definizioni, infatti, una volta rovesciate, diventano quelle, e quelle dal canto loro, una volta rovesciate, diventano queste.
Plutarco, *Consolazione per Apollonio*, 10.
(D 22) (C A115) (DK B88)

Eraclito non lo nomina, ma il vero protagonista del frammento è il tempo. Noi ci chiamiamo sempre nello stesso modo, eppure nel corso degli anni siamo cambiati a tal punto da non avere più nulla in comune con l'individuo che siamo stati e che saremo in futuro. Per dirla con Sant'Agostino, dentro la nostra anima l'unica cosa che ci identifica è il presente del passato, il presente del presente e il presente del futuro, ovvero la memoria, l'intuizione e la speranza.

109. Morte è quello che vediamo da svegli, sogno è quello che vediamo dormendo.
Clemente Alessandrino, *Stromata*, 3, 21, 1.
(D 23) (C A32) (DK B21)

Per i Greci il sonno era una divinità chiamata Ipno, che aveva un fratello gemello chiamato Thanatos (per l'appunto la morte). A detta di Ovidio, Ipno possedeva un castello dove tutti dormivano ventiquattr'ore su ventiquattro e facevano sogni meravigliosi. Una volta al giorno, il Dio faceva il giro della Terra e lì dove passava seminava il sonno. Anche Ipno, però, un giorno s'innamorò, e dal momento che, come toccava un individuo, quello subito si assopiva, fu costretto a concedere alla sua bella il dono di poter dormire a occhi aperti. «Così, almeno mi guardi,» le disse «mentre facciamo l'amore.»

110. Nella notte l'uomo, spenti gli sguardi, accende una luce a se stesso, e così facendo si aggrappa al morto, laddove da sveglio si era afferrato a colui che dorme.
Clemente Alessandrino, *Stromata*, 4, 141, 1.
(D 25) (C A57) (DK B26)

Mi sono sempre chiesto come fa un criminale a prendere sonno. Evidentemente, una volta «spenti gli sguardi», non ha nessuna luce interiore da accendere. Il suo difetto principale, allora, non è la cattiveria ma la mancanza di luce interiore, cioè di coscienza. Peggio per lui, comunque, che ha deciso di fare il criminale: si calcola che la vita media di un delinquente non superi i quarantasette anni, laddove quella di una persona normale, con fedina penale pulita, arriva a settantaquattro (ottanta se donna).

111. Morti prestigiose aspettano coloro che hanno avuto in sorte vite ambiziose.
Clemente Alessandrino, *Stromata*, 4, 49, 3.
Ippolito, *Confutazione*, 5, 8, 42.
(D 112) (C A78) (DK B25)

Ci risiamo col dilemma se è meglio un giorno da leone o cento da pecora. A dire la verità, io opterei per la pecora, a patto, però, che il pecoraio sia una brava persona.

112. Gli uomini, una volta morti, li aspettano cose che essi stessi non sperano e che non riescono nemmeno a immaginare.

Clemente Alessandrino, *Stromata*, 4, 144, 3.
(D 113) (C A58) (DK B27)

Spesso mi sono chiesto come sarà l'aldilà. Leggere Dante non è servito a nulla: non saranno certo le fiamme a farmi paura. Il vero dramma del paradiso, infatti, non è la sofferenza ma la disoccupazione: miliardi e miliardi di anime, tutte sedute a far niente, tutte a chiacchierare del più e del meno. In un primo tempo potrebbe essere anche piacevole: almeno fino a quando ci sono cose nuove da raccontare. Poi, una volta esauriti gli argomenti, la noia diventerebbe assoluta. E durerebbe per l'eternità.

Unica distrazione, i nuovi arrivi.

«Lei da dove viene?»

«Da Milano.»

«Chi ha vinto il campionato quest'anno?»

Immagino anche l'incontro con i miei genitori, in particolare quello con mio padre. Ricordo che prima di morire era molto preoccupato per il mio futuro.

«Come è andata?» mi chiederebbe.

«Abbastanza bene: ho fatto un mucchio di soldi.»

«E come li hai fatti?»

«Con i libri.»

«Ma quanto si può guadagnare scrivendo un libro?»

«Se è un bestseller, moltissimo, anche un miliardo.»

«Un miliardo? E che cos'è un miliardo?»

Essendo morto nel '48, non capirebbe le cifre oltre il milione.

113. Le anime già sentono i profumi dell'Ade.
Plutarco, *Sul volto che appare nel disco della Luna*, 28
(D 114) (C A47) (DK B98)

Quando sul giornale vedo la foto di una persona morta, ho l'impressione che già sapesse di stare per morire. «La sua anima,» penso, «stava annusando i profumi dell'Ade». E subito dopo mi guardo allo specchio... un po' preoccupato in verità.

114. Lui sta lì, e di fronte a Lui si drizzano i desti, diventando custodi dei vivi e dei morti.
Ippolito, *Confutazione*, 9, 10, 6.
(D 115) (C A79) (DK B63)

Lui dovrebbe essere Dio e i desti gli intellettuali appena deceduti. La cosa, in realtà, mi preoccupa alquanto: morire e poi essere giudicato, che so io, da Alberto Bevilacqua non mi fa stare assolutamente tranquillo. L'unica speranza sarebbe quella di morire qualche giorno prima e di essere io a giudicare lui.

115. Per i desti il mondo è unico e uguale per tutti; quando si addormentano, invece, ognuno si ritira in un mondo proprio.
Plutarco, *Sulla superstizione*, 3.
(D 9) (C A99) (DK B89)

Ci risiamo con i desti e i dormienti: se per desti intendiamo quelli che hanno capito il senso delle cose, e per dormienti quelli che inseguono il denaro, è ovvio che il mondo dei primi sarà unico, e diverso da quello dei secondi. Questi ultimi, infatti, non faranno altro che correre come disperati verso i tanti vitelli d'oro offerti dal mercato.

116. Comunque vada, i medici, pur non meritando nulla, non solo tagliano e bruciano, ma pretendono anche di essere pagati.
Ippolito, *Confutazione*, 9, 10, 3.
(D 36) (C A61) (DK B58)

Penso a quel paziente che per un errore di schedatura è entrato in sala operatoria per un intervento alla prostata, e si è risvegliato dopo essere stato operato ai polmoni. Gli avranno fatto uno sconto?

117. L'epilessia è una malattia sacra.
Diogene Laerzio, *Vita dei filosofi*, IX 7.
(D 62) (C A56) (DK B46)

Per gli antichi l'epilessia era una malattia divina, se non addirittura un dono degli Dei. Questo, più o meno, il loro ragionamento: «Se colpisce il cervello, ovvero la parte più nobile dell'uomo, vuol dire che sono stati gli Dei a mandarla per affrettare il rientro del mortale nel mondo dei più».

L'unico a dissentire era il medico Ippocrate. «È una malattia come tutte le altre,» diceva «e se qualcuno si ostina a dire che è sacra, è solo perché, non sapendo guarirla, ricorre agli incantesimi». (Ippocrate, *Sulla malattia sacra*, I.)

118. Chi non spera non trova l'insperato, poiché non crede nella ricerca.
Clemente Alessandrino, *Stromata*, 2, 17, 4.
(D 65) (C A63) (DK B18)

Nel caso che anche il lettore ci voglia provare, la prima regola per fare i miracoli è essere convinti di poterli fare.

119. Il carattere di uomo è anche il suo demone.
Stobeo, *Florilegio*, 4, 40, 23.
Plutarco, *Questioni platoniche*, I 1.
Alessandro di Afrodisia, *Sul destino*, 6.
(D 91) (C A112) (DK B119)

Questo sì che è un bel tema! Quante volte facciamo esattamente il contrario di quel che dovremmo? Sappiamo di sbagliare, eppure sbagliamo lo stesso: specialmente se ci troviamo in un particolare stato d'animo (odio, innamoramento o altro). La colpa è tutta di un piccolo demone che abita dentro di noi, volgarmente detto *carattere*, che ci impedisce di riflettere prima di agire. I rimedi, come al solito, sono l'*apatheia*, l'*epochè* e l'*aporein*, ovvero il distacco dalle passioni, la sospensione del giudizio e il dubbio.

120. Che tutto accada secondo i nostri desideri non è sempre la cosa migliore.
Stobeo, *Florilegio*, 3, 1, 174.
(D 92) (C A16) (DK B110)

Gli uomini, a eccezione di una sparuta minoranza di epicurei (a cui mi onoro di appartenere), in realtà aspirano alla sofferenza. Una vita fatta solo di desideri appagati, dove tutto fila liscio, e dove non c'è da combattere, li porterebbe alla soglia del suicidio. Ben vengano, quindi, le contrarietà a dare sapore al nulla.

121. Contro la passione è difficile combattere: qualsiasi cosa pretende, l'uomo è disposto a pagarla con l'anima.
Plutarco, *Vita di Coriolano*, 22.
(D 93) (C A116) (DK B85)

Per comprendere fino a che punto siamo disposti a venderci l'anima, basta ricordarsi del professor Unrat che, nell'*Angelo azzurro*, pur di non perdere Marlene Dietrich, si traveste da gallo. Chi nella vita non ha mai fatto «chicchirichì» scagli la prima pietra.

122. I figli non devono comportarsi come i genitori.
Marco Aurelio, 4, 46.
(D 95) (C A97) (DK B74)

Francamente, non condivido la preoccupazione di Eraclito: se c'è una cosa che i nostri figli non vogliono fare è quella di imitarci. Poi, magari col tempo, cambieranno opinione. Per il momento, però, possiamo dormire tranquilli. Oggi, per esempio, quelli del Sessantotto non vogliono più fare la rivoluzione: si sono sposati e hanno avuto a loro volta dei figli. Senza contare che trecentomila rivoluzionari come loro, per scendere in piazza, avrebbero bisogno almeno di centocinquantamila baby-sitter.

123. I cadaveri sono da gettar via ancora di più degli escrementi.
Plutarco, *Questioni conviviali*, 4, 4, 3.
Plotino, 5, I, 2, 42.
Strabone, 16, 4, 26.
Origene, *Contro Celso*, 5, 14.
Scolii all'Iliade, 24, 54.
(D 97) (C A121) (DK B96)

Sono stato sempre tentato dalla cremazione. Sceglier-si il cielo come ultima dimora non è poi una cattiva idea. Ai parenti, per farmi visita, invece di recarsi al cimitero, basterebbe guardare in su.

124. I cani abbaiano contro quelli che non conoscono.
Plutarco, *Se è il vecchio che deve governare*, 7.
(D 102) (C A69) (DK B97)

E certi critici letterari stroncano i libri che non hanno letto.

125. Se non ci fossero le ingiustizie non si conoscerebbe il nome di Dike.
Clemente Alessandrino, *Stromata*, 4, 10, 1.
(D 103) (C A65) (DK B23)

Non è detto: in Italia, anche se non si commettessero più reati, resterebbe il Ministero di Grazia e Giustizia, se non altro per garantire lo stipendio ai suoi dipendenti.

126. Per il popolo combattere in difesa delle leggi è necessario come difendere le mura.
Diogene Laerzio, *Vite dei filosofi*, IX 2.
(D 107) (C A76) (DK B44)

Quando Critone propone a Socrate di scappare dal carcere (avendo già dato una mazzetta a tutti i guardiani), il filosofo rifiuta. «Se uscendo di prigione,» dice «incontro le Leggi di Atene, e queste mi chiedono dove sto andando, io poi che dico?» «Ma le Leggi che ti hanno condannato» replica Critone «erano ingiuste!» «Nossignore,» insiste Socrate «le Leggi sono le Leggi, non sono né giuste, né ingiuste; vanno sempre rispettate, anche quando sbagliano!» (Platone, *Critone*, 50a.)

127. Vado a interrogare me stesso.
Plutarco, *Contro Colote*, 20.
Giuliano, *Discorsi*, 9, 185a.
(D 126) (C A37) (DK B101)

Vorrei farlo pure io, ma finora non sono riuscito ad avere un appuntamento.

128. L'anima ha dentro di sé la facoltà per accrescere se stessa.
Stobeo, *Florilegio*, 3 I 180a.
(C A10) (DK B115)

Ho sempre pensato che basta essere un poco intelligenti per diventarlo ancora di più, o, quanto meno, per farlo credere agli altri.

129. Tutti sono d'accordo nell'affermare che il cielo è stato generato: per alcuni però esso è eterno, e per altri è corruttibile, proprio come qualsiasi oggetto che ci sta intorno. Altri infine, tra cui Eraclito di Efeso ed Empedocle di Agrigento, sostengono che esso, alternativamente, a volte rinasce e a volte si corrompe.
Aristotele, *De caelo*, 279b 12-17.
(C A126) (DK A10)

Malgrado la teoria del Big Bang, grosso modo accettata da tutti gli astrofisici, nessuno si sente di escludere che immediatamente prima del nostro universo non ce ne sia stato un altro e poi un altro ancora, e che in futuro tutto imploderà in un immenso Big Crunch, per poi riesplodere di nuovo, e così di seguito, nei secoli dei secoli. Oppure di escludere che l'universo si trovi all'interno di un altro universo che a sua volta si trova all'interno di un altro universo. In altre parole, una matrioska di universi concentrici dove poter rinascere, o enorme come un grattacielo, o minuscolo come un moscerino. Il terrore, però, di ritrovarmi, nudo come un verme, in una futura preistoria non è da sottovalutare: a me di dover lottare con un brontosauro, avendo a disposizione solo una clava, non mi seduce affatto. O rinasco come sono oggi, sano, libero e benestante, con l'auto e l'aria condizionata, o preferisco passare la mano.

43200
1999